日本が感謝された日英同盟

井上和彦

産經新聞出版

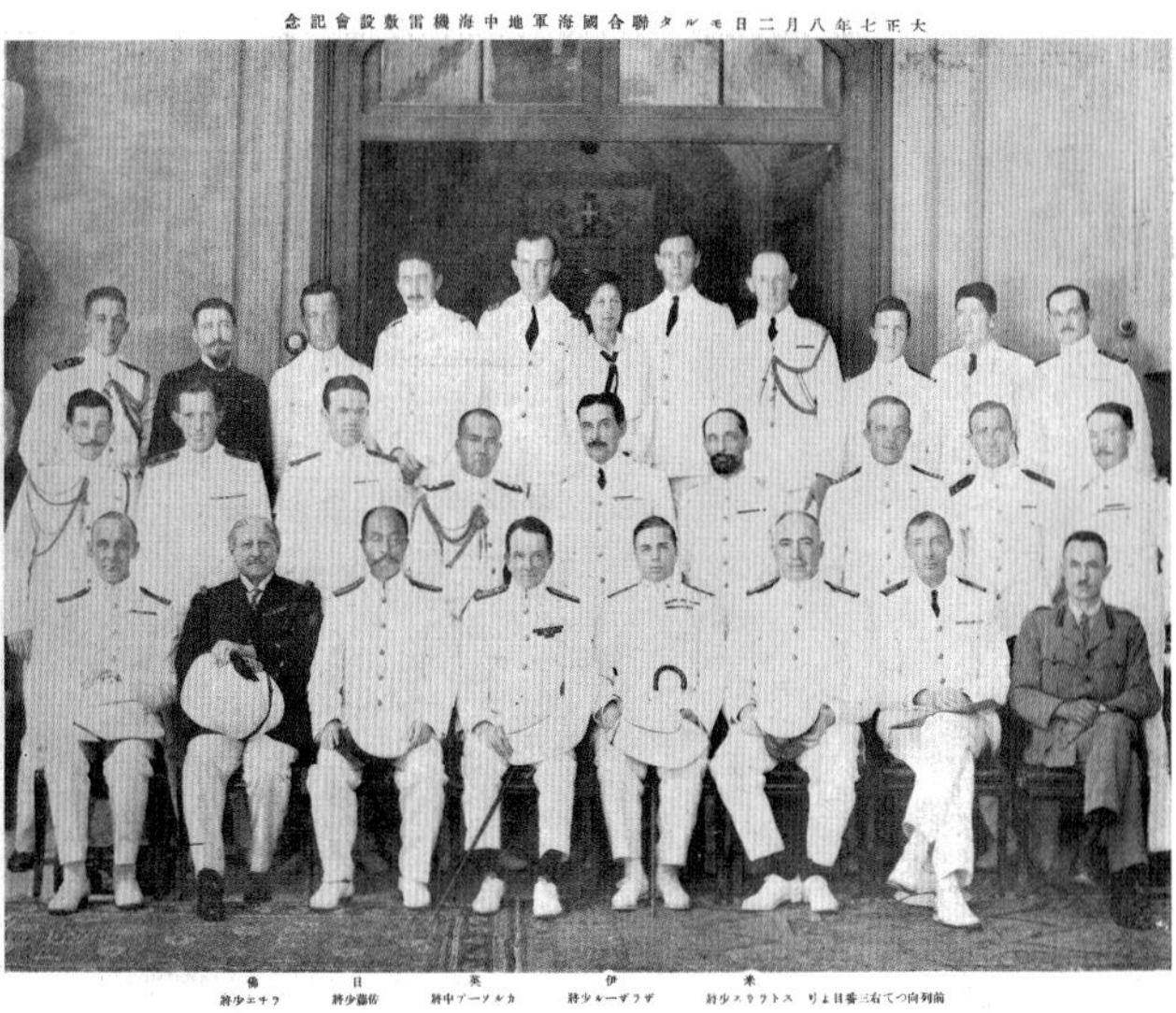

大正7年8月2日マルタ連合国海軍地中海機雷敷設会記念
前列向かって右三番目より、米・ストラウス少将、伊・ザラザール少将、英・カルソープ中将、日・佐藤少将、仏・ラチエ少将

①ジブラルタルに於ける日、英、米、仏、伊、ブラジル海軍武官
②英国ポーツマス海兵本部に於ける舞踏招待会

根拠地マルタに於ける旗艦「出雲」及び我が駆逐隊(大正7年1月)

かつて第二特務艦隊が停泊していたマルタのグランド・ハーバー（著者撮影）

マルタ、バレッタ、パレススクエアに於けるマルタ総督の第二特務艦隊乗員に対する送別式（大正8年3月31日）①日英国歌吹奏　②マルタ総督の閲兵　③分別式

かつて日本海軍第二特務艦隊の将兵が整列したセントジョージ広場に立つ著者

マルタ島英海軍墓地内第二特務艦隊戦死者納骨式（大正7年6月11日）
①③戦死者の遺骨を旗艦「出雲」より墓地に移す　②佐藤司令官の祭辞朗読
④納骨

カルカーラにある英連邦戦没者墓地
（著者撮影）

大日本帝国第二特務艦隊戦死者之墓
（著者撮影）

①②軍艦「出雲」に於ける故・藤井機関中尉の葬儀　③ポートランドに於ける故・原田二等兵曹の葬儀　④在スーダ「榊」戦死者墓地に於ける我が駆逐隊乗員の参拝　⑤在マルタ我が戦死者墓前に於ける侍従武官及び東宮武官　⑥駆逐艦「桃」に於ける故・東三等兵曹、故・長瀬一等機関兵葬儀式場　⑦「榊」兵員戦友を弔う

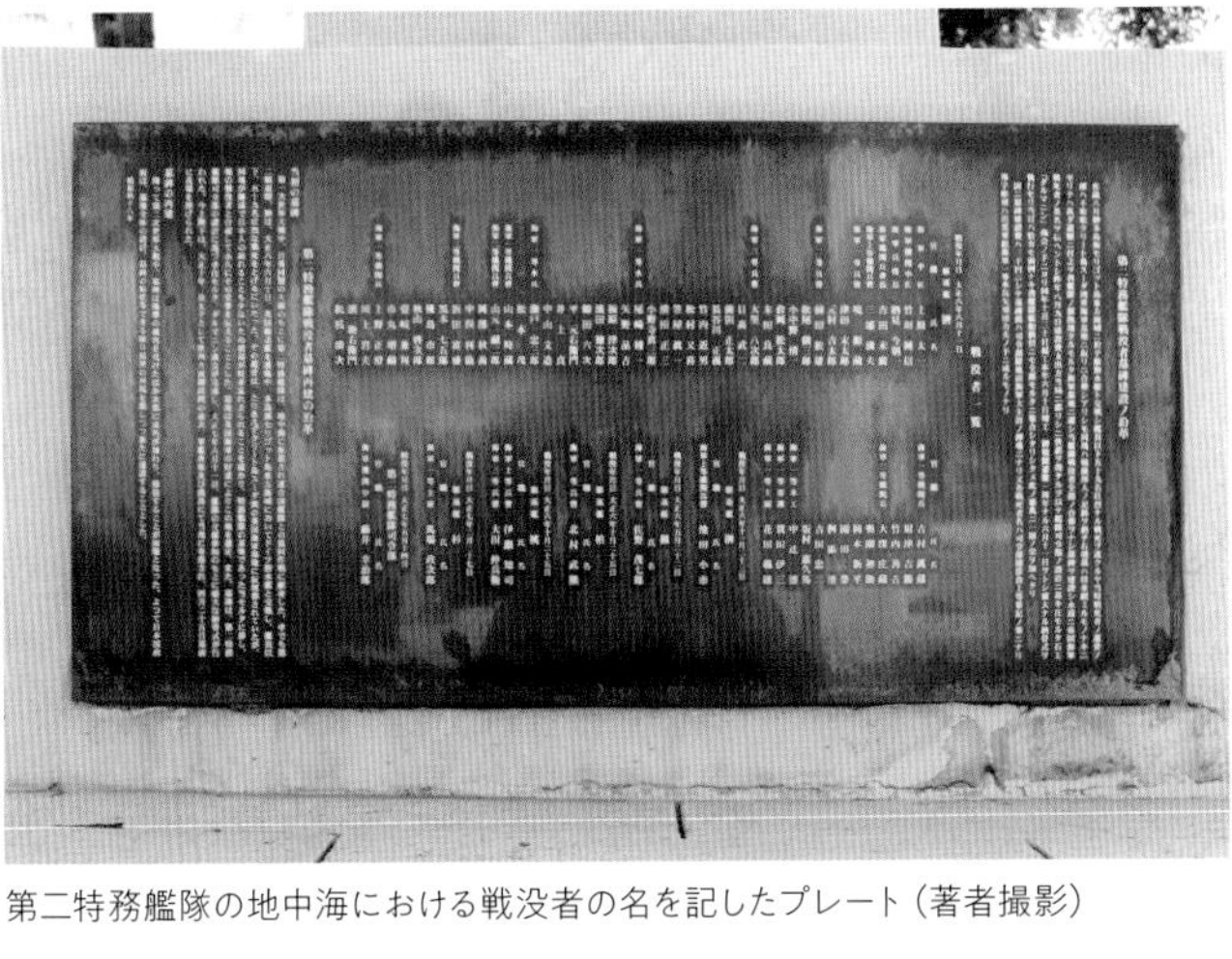

第二特務艦隊の地中海における戦没者の名を記したプレート（著者撮影）

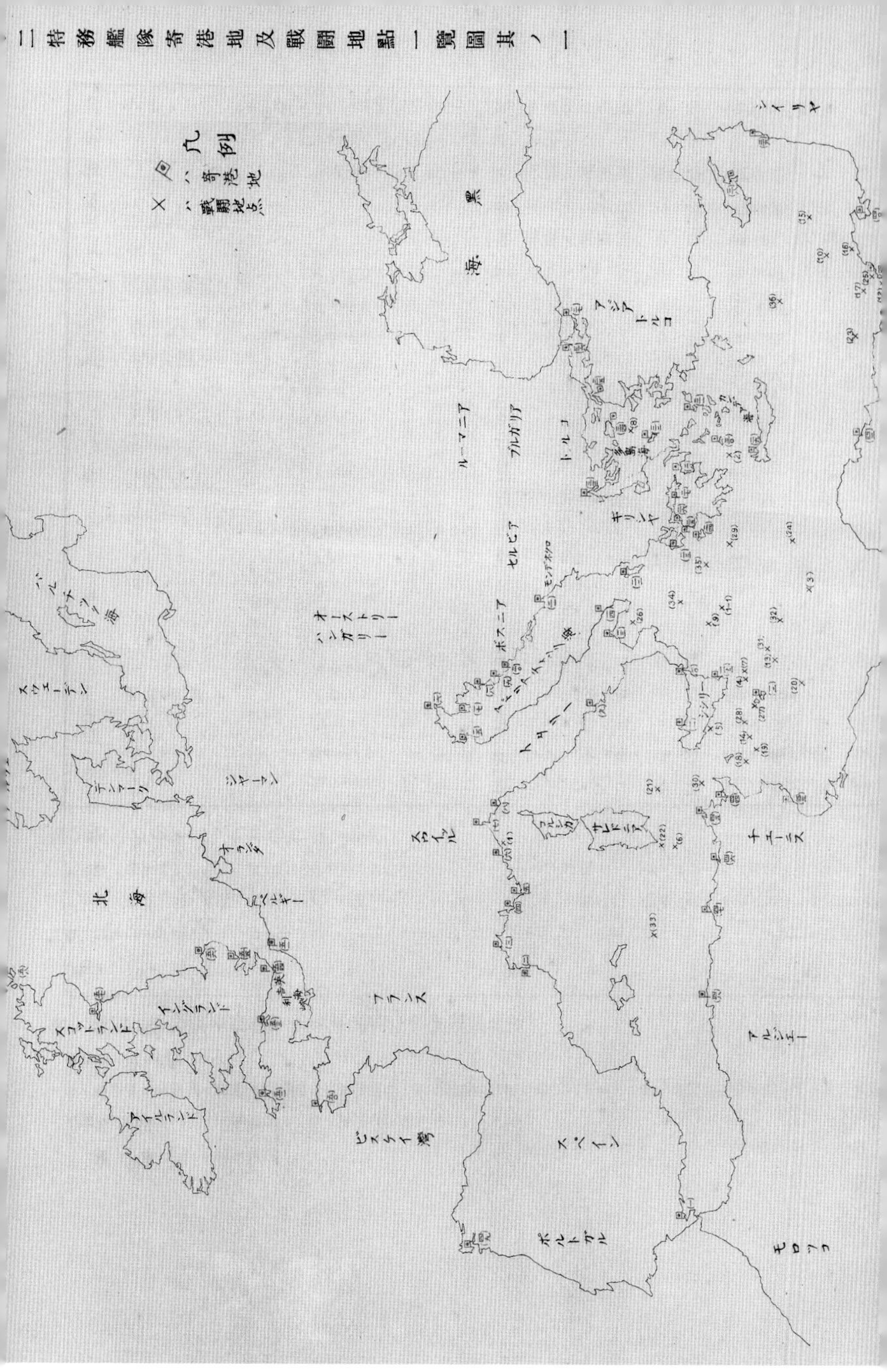

第二特務艦隊寄港地及戦闘地点一覧図　其の一

第二特務艦隊寄港地及戰鬪地點一覽圖其ノ二

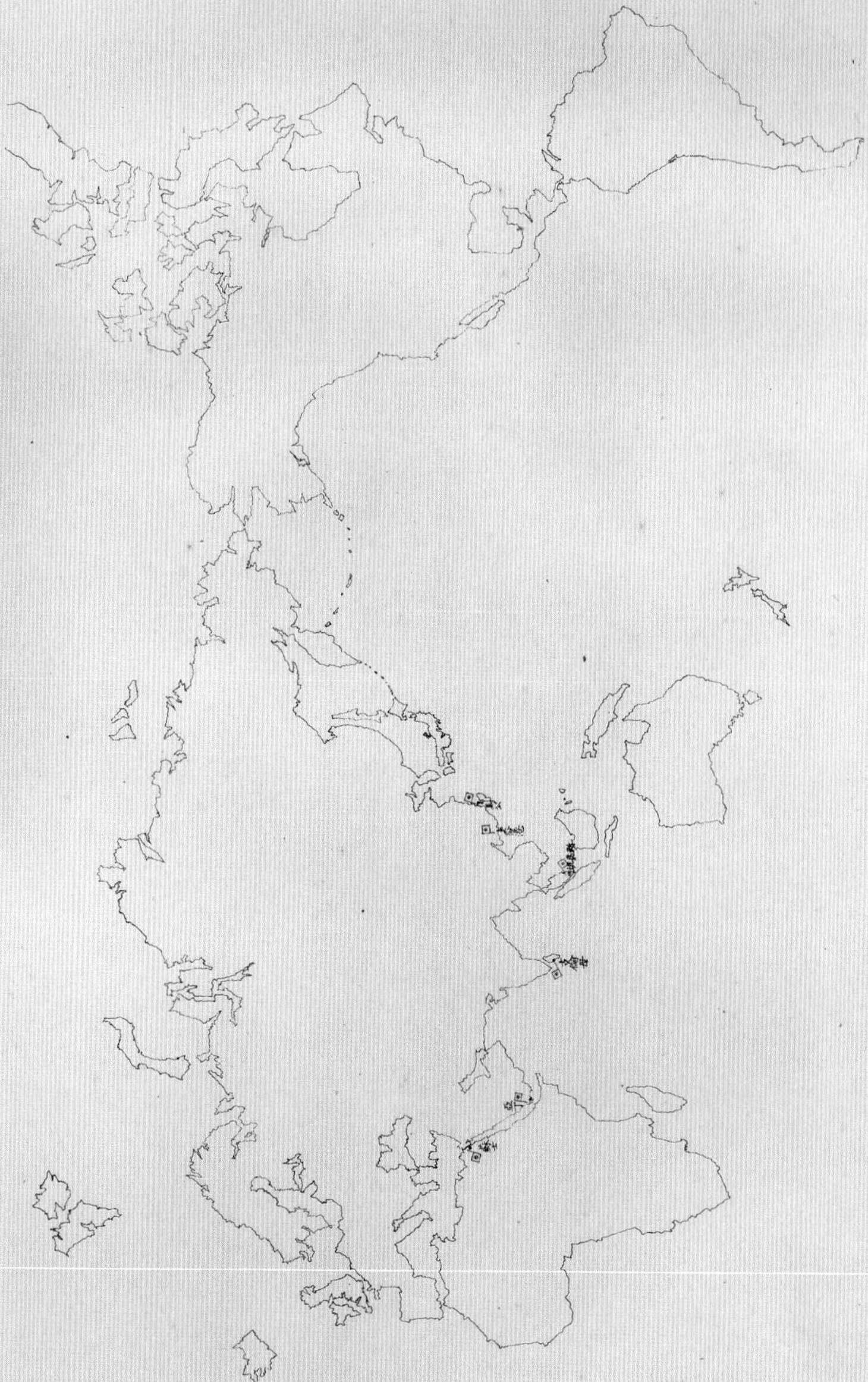

第二特務艦隊寄港地及戦闘地点一覧図　其の二

第二特務艦隊司令官海軍少将佐藤皐蔵

＊著者撮影以外の出典は『第二特務艦隊記念寫眞帖』（提供・横田素子氏）

日本が感謝された日英同盟 ◎目次

第3章 忘れられた第一次世界大戦

第4章

同盟をまっとうした日本

子や孫がマルタへ

武士道と騎士道は相通ずる

付録　C・W・ニコル×井上和彦

日本海軍が海の安全を守ってくれた

Uボートの魚雷で親族が亡くなった

祖父は絶対に日本の悪口を言わない

日本が果たした役割は大きい

豪州と日本海軍の感動秘話

日本ほどすごい国はなかなかない

装　丁　神長文夫＋柏田幸子

ＤＴＰ　荒川典久

帯写真提供　横田素子氏

本文写真提供　横田素子氏
池田武邦氏
山口宗敏氏
著者

序　章

戦勝国だった日本

地中海で活躍した日本海軍

かつてロンドンで、あるイギリス海軍士官と将来の安全保障について意見交換したことがある。そのとき私が、日本とイギリスは歴史に鑑みてもっと関係を強化すべきだと提案したところ、その士官は私の意見にもろ手を挙げて賛同してくれた。

そして真剣な表情で、Geopolitics（地政学）とHistory（歴史）というキーワードを持ち出し、日英両国は世界の平和と安全保障のために連携すべきだと語ってくれたのである。

２０１７年（平成29）５月27日（現地時間）、つまり日本の海軍記念日に、安倍晋三首相（当時）がマルタ共和国を訪問し、第二特務艦隊の墓地に参拝した。かつて日本は日英同盟に基づいて第一次世界大戦に参加し、日本海軍の第二特務艦隊を地中海に派遣して連合国の輸送船団護衛にあたらせたが、その戦死および殉職者の墓地だ。17年は第二特務艦隊所属の駆逐艦「榊」が魚雷攻撃を受けて１００年目に当たる。

安倍首相の参拝は、１９２１年（大正10）４月、当時皇太子だった昭和天皇が欧州ご訪問の際にこの墓地を訪問されて以来の国賓訪問となった。

安倍首相は参拝当日、自身が墓碑に深く頭を垂れる写真と共に、このときの心境をフェイスブックでこう発信している。

《「大日本帝国海軍第二特務艦隊戦死者之墓」にお参りをいたしました。第一次世界大戦中、第二特務艦隊は、ここマルタを基地として、船団護送のため働きました。ちょうど100年前です。駆逐艦「榊」が魚雷を受け大破、多数の乗員が命を落としました。

お墓には、遺骨や、遺灰が納められています。

万感の思いを込め、御霊の平安をお祈りしました。

日本は、世界から信頼されていますと、申し上げました。

日本はこれからも、国際協調に基づく、積極的平和主義を貫きます。墓前で、誓いました》

安倍首相は、先人へ感謝と鎮魂の誠を捧げ、同時に日本の軍事史上初の国際貢献を果たした英霊に対して世界の安全保障に積極的に関与してゆくことを誓ったわけである。

そしてマルタ共和国のジョゼフ・ムスカット首相（当時）との首脳会談後の記者会見でもこう述べている。

《本日、日本の総理大臣として初めてマルタを訪問することができ、うれしく思います。

マルタの皆様のおもてなしに感謝します。

まず、ムスカット首相との会談に先立ちまして、旧日本海軍戦没者墓地を訪問しました。そこで日本海軍が、1917年に日英同盟の下、マルタを拠点に地中海で活動した際の71名の戦没者の方を慰霊しました。同墓地には1921年に当時皇太子だった昭和天皇も訪れ、戦没者を慰霊されています。100年前の地中海において、私たちの先人は、病院船を守り、沈没寸前の客船から多くの看護師を助けるなどして、大いなる尊敬を英国を始めとする各国から勝ち得ました。私は、当時の先人の活躍に思いをはせつつ、現代において、国際協調主義に基づく積極的平和主義の下、国際社会の平和と安定に一層貢献していく、その決意を新たにいたしました。本日のムスカット首相との会談では、こうした私の決意を説明しつつ、国際社会の課題につき率直で有意義な意見交換を行いました》（首相官邸HPより）

第一次大戦の記憶が接着剤に

日英同盟の下、日本海軍が大きな国際貢献を果たした第一次世界大戦。
埋もれていたその記憶を掘り起こしたのは安倍晋三首相（当時）だった。

第一次世界大戦開戦100周年にあたる2014年（平成26）7月8日、安倍晋三首相は、オーストラリアの首都キャンベラを訪問し、トニー・アボット首相（当時）と首脳会談を行ない、オーストラリア国会でも演説を行った。

実はこれに先立って安倍首相は無名戦士の墓に献花し、そして戦争記念館を訪問していたのだ。このときのことを報じた産経新聞には、安倍首相がトニー・アボット首相と一緒にある艦艇模型に見入って何やら言葉を交わしている写真が掲載された。その艦艇模型とは、第一次世界大戦においてオーストラリアとニュージーランドの兵士を乗せた輸送船団をインド洋まで護衛した日本海軍の巡洋戦艦「伊吹」だったのだ。

豪アボット首相は、安倍首相を迎えたオーストラリア連邦議会下院の演説の中で、この「伊吹」についてこう述べている。

《オーストラリアと日本は、両国が初めて協力活動を行ってからもうすぐ100年を迎えます。日本海軍の巡洋戦艦・伊吹が、オーストラリア・ニュージーランド連合軍の輸送船団を護送したのが1914年であり、今年アルバニーで行われる100周年記念式典に、日本の艦船が派遣されるのを嬉しく思います》

そしてこれが実現した。

２０１４年（平成26）11月1日、オーストラリア西部のアルバニーで、その記念式典が挙行され、派遣された海上自衛隊の護衛艦「きりさめ」がオーストラリア海軍艦艇を護衛するデモンストレーションが行われたのだった。

詳細は後章に譲るが、これはアルバニーを出港したオーストラリア・ニュージーランド連合の「アルバニー船団」を日本海軍の「伊吹」が護衛したことの再現だったのである。

このセレモニーは、日豪両国が敵対した第二次世界大戦よりも、今後は第一次世界大戦時の協力関係の歴史を重視する歴史認識に転換したことを印象付けるものであった。

実は、安倍首相の訪問2カ月前の4月26日には、小野寺五典防衛相（当時）がオーストラリアを訪問していた。

小野寺防衛相は豪ジョンストン国防相との27日の夕食会の席上で軍艦「伊吹」の写真を贈呈しており、これがいわば〝前哨戦〟だった。第一次世界大戦時の協力関係という歴史を手掛かりに、日本はオーストラリアとの強固な関係を築こうとしていたのである。

オーストラリアにとってその玄関先にあたるミクロネシアの島嶼国に触手を伸ばしてきた中国の脅威は、もはや対岸の火事では済まされなくなっている。日本とオーストラリアは対中国という点で利害が一致し、安倍首相が提唱した「自由で開かれたインド太平洋」

（Free and Open Indo-Pacific）という広域の安全保障戦略の枠組みの中で連携を強めようとしていたのである。

第一次世界大戦の歴史は、まさに現代の日豪関係の〝接着剤〟だったのだ。

「三笠」「出雲」は日英同盟の象徴

そして、現在、日露戦争や第一次世界大戦で日本と同盟国であったイギリスとの緊密化は衆目の一致するところとなっている。

とりわけ第二次安倍政権の誕生後、日英両国の安全保障・経済分野での接近が始まった。いまや日英両国は、外務・防衛担当閣僚級協議（２プラス２）の開催をはじめ、防衛装備品の共同開発も行っている。

さらに海上自衛隊は、イギリス海軍との情報交換や部隊間協力等に関する連絡調整を行なう連絡官を迎えるなど、その関係は深化の度を増している。しかもこのイギリス海軍連絡官の任命式（２０１５〔平成27〕年２月17日）は、横須賀に記念艦として保存されている戦艦「三笠」の、かつて東郷平八郎元帥が使った司令長官室で行われたのである。日英両国がかつての日英同盟をたよりに両国関係を再構築しようとしていることが伝わってくる。

いわずもがな、戦艦「三笠」は日英同盟の象徴だからである。

イギリスで建造された戦艦「三笠」は日本海軍に引き渡されて連合艦隊旗艦となり、日露戦争の日本海海戦でロシア・バルチック艦隊に大勝利した栄光の記憶が蘇る。

この海上自衛隊の素晴らしい演出に万雷の拍手を送りたい。

同様のことはその後にもあった。

２０１７（平成29）年８月31日、イギリスのテリーザ・メイ首相（当時）が来日した際、小野寺五典防衛大臣（当時）が、横須賀基地に停泊する護衛艦「いずも」にメイ首相を案内し、海上自衛隊はメイ首相を「いずも」艦内にて栄誉礼で迎えたのだ。

護衛艦「いずも」の艦名は、装甲巡洋艦「出雲」の二代目となる。「出雲」はイギリスで建造された軍艦で（１８９８年９月19日進水）、日露戦争の日本海海戦で武勲をあげ、その後の第一次世界大戦では第二特務艦隊旗艦を務めて地中海で活躍した。先の戦艦「三笠」と並ぶ「日英同盟の象徴艦」なのである。

このとき「いずも」艦上で小野寺防衛大臣は「日露戦争はそのおかげで勝つことができた。第一次世界大戦では（地中海に派遣され）英国を助け、さまざまな船をエスコートした。ちょうど１００年前だ」と語りかけた。メイ首相は「両国は長きにわたり協力してきた。

私たちが防衛分野のパートナーシップを強めていることは、この訪問で示されている」と述べている（「産経ニュース」2017年8月31日）。

このように日英両国は、日露戦争、そして第一次世界大戦の連携と協力の記憶、つまり日英同盟の記憶をたよりに再び関係を強化しようとしているのだ。

こうした日英両国の〝協調の時代〟への誘いは、2013年（平成25）9月30日の日英安全保障協力会議における安倍首相の基調講演にさかのぼる。

このとき安倍首相は、講演の中でこう述べている。

《忘れてならないのは、来年ちょうどその勃発から100周年を迎える「グレート・ウォー」において、日本海軍将兵は並外れた操艦技術を発揮、英国船護衛に成果をあげ、「地中海の守護神」と呼ばれた事実です。

このとき犠牲となった日本海軍戦没者の御霊を祭る慰霊碑は、いまもマルタの、英軍墓地の一角にたたずんで、訪れる人を待っています。

爾来、幾星霜、日本と英国は、その間に挿入された苦い思い出、苦しい記憶を時と共に超克、昇華して、本来の関係へ立ち返りました》（笹川平和財団HPより）

安倍首相は、第一次世界大戦を一般的な〝World War I〟ではなく、ヨーロッパの人々が用いる〝Great War〟（グレート・ウォー）と敢えて呼称した上で、地中海において命懸けで英国船を守った日本海軍第二特務艦隊の偉大な功績とマルタの海軍墓地のことを紹介したのである。

マルタに眠る日本海軍将兵とその崇高な任務のことを耳にした人々は、かつての日英同盟を想起したであろう。

そして今、日英両国は前述のとおり安全保障分野で急接近している。

イギリスは対中強硬姿勢を貫いており、アメリカが中国への牽制として実施している南シナ海における「航行の自由作戦」にも参加した。2018年9月、揚陸艦「アルビオン」を南シナ海のパラセル諸島（中国名・西沙諸島）付近に航行させたのだ。その前の8月3日には、東京湾の晴海ふ頭に入港し、同月末には海上自衛隊との共同訓練を実施している。

そして2021年1月27日に「アルビオン」からイギリス艦隊の旗艦を引き継いだのが同年9月に来日した最新鋭空母「クイーン・エリザベス」なのである。

中国の軍拡と日米同盟

著しい中国の軍拡とその脅威の増大――いま我が国は、これまでの片務的な同盟のあり方を見直し、そして新しい安全保障枠組みを模索する岐路に立っている。

アメリカの政権が替わるたびに、尖閣諸島有事の際にはアメリカは加勢してくれるかと問うてその回答に一喜一憂している日本の安全保障感覚はどう考えてもおかしい。むろん日本固有の領土である尖閣諸島が中国の侵略を受け日本が反撃すれば日米安全保障条約も適用されよう。だがそもそも自国の領土は自分で守るという断固たる決意と覚悟がなければ同盟国とて本気で加勢はできまい。ところがこれまで日本は「必ずアメリカが守ってくれる」と安心し、片務的な同盟関係になんら後ろめたさを覚えずその現状に甘んじてきた。

これまで世界最強の軍事力を誇ってきたアメリカとて、急速に近代化と増強を続ける中国の軍事力を前に、そのパワーは相対的に減退しており、これからはいままで通りにはいかないことも予想される。

だからこそ我々は、日本を取り巻く現状の厳しい安全保障環境を直視し、自国の防衛力を強化すると共に、これまでアメリカ一辺倒だった同盟のあり方を再考すべきではないだろうか。

目下中国は、海空軍力を中心に急ピッチで軍の近代化と増強を図っている。

旧式戦闘機を次々と最新鋭戦闘機に更新し、国産空母をはじめ原子力潜水艦や新鋭戦闘艦艇、さらには上陸戦闘を行う強襲揚陸艦までも登場させている。とりわけ海軍力の増強ぶりには目を見張るものがあり、周辺各国のみならず世界の平和と安定に暗い影を落としていることは衆目の一致するところだ。そして東シナ海・南シナ海は、もはやいつ何時武力衝突が起きてもおかしくない一触即発の深刻な状況にある。

言うまでもなかろう。中国は、アメリカに対抗できる海軍力を保有し、そしてあらゆる手段を講じて「力による現状変更」を行おうとしているのだ。

尖閣諸島も危機にさらされている。

日本の海上保安庁に相当する中国海警局は、2018年(平成30)に中央軍事委員会に属す武装警察隷下の武警海警総隊として編入された。これによって、国際法上は海洋における法執行機関たる沿岸警備隊に相当する中国海警局が、いわば〝第2海軍〟となり、軍と一体化して運用されることになったわけである。

2021年(令和3)2月1日には「海警法」なるものを施行し、海上保安庁巡視船や海上自衛隊艦艇、さらにはアメリカ海軍艦艇に対しても武器を使用して排除することができるようにしたのだ。

こうした中国に対してついに世界は動き出した。

イギリスは、空母「クイーン・エリザベス」を太平洋に派遣したように新たな外交および安全保障方針として、インド太平洋地域へ積極的に関与してゆくことを明らかにしている。ＥＵ（欧州連合）離脱後のイギリスの外交安全保障政策は、著しい軍拡を続ける中国の軍事的脅威に対する毅然とした姿勢を打ち出したものだ。

イギリスは、現在の核弾頭保有数１８０発から２６０発に上限を引き上げる核戦略の変更も表明した。さらに、アメリカおよびオーストラリアと共にイギリスは新たな安全保障枠組みを構築すべく動き出した。３カ国の頭文字をとって「ＡＵＫＵＳ」（オーカス）と呼ばれるこの新たな枠組みは、米英両国がオーストラリアの原子力潜水艦建造に技術提供すると共に様々な軍事分野で協力することになっている。まさしくこれは、空母「クイーン・エリザベス」の派遣と共にイギリスのインド太平洋シフトの本格的行動の第一歩といえよう。このように核保有国イギリスがアジア太平洋方面に関心を寄せ、そればかりか軍事面で積極的関与を示したことは、今後のアジアのミリタリーバランスに大きな影響を与えることは間違いない。

イギリスの〝脱欧入亜〟

イギリスは、通称〝QUAD（クアッド＝Quadrilateral Security Dialogue）〟と呼ばれる「日米豪印戦略対話」に参加する意向を示しており、これが実現すると、今後ますますイギリスのインド太平洋シフトが強まることは必至だ。

日米豪印戦略対話は、2006年（平成18）に安倍晋三首相（当時）の提唱による、日本・アメリカ・オーストラリア・インドの4カ国の戦略連携枠組であり、日本はいずれの国とも通称〝ACSA（アクサ＝Acquisition and Cross-Servicing Agreement）〟とよばれる物品役務相互提供協定を結んでいる。

このACSAによって、自衛隊が、締結国の軍隊に対して燃料や弾薬、食料などを提供し、輸送や医療支援、施設利用が可能となっている。日本は、1996年（平成8／平成28年新協定締結）にアメリカと同協定を締結したことを皮切りに、2017年にオーストラリアおよびイギリスとも結んでいたのだ。ちなみにインドとの締結は、2020年（令和2）9月のことである。

まさにQUADの戦略枠組みは、将来の〝インド太平洋版NATO〟の骨格となりうるもので、その意味からイギリスの参加は心強い。日本が米豪印各国に提唱した「自由で開かれたインド太平洋」の実現のためには、欧州の大国イギリスの参加は大きな意味を持つ。イギリスの太平洋シフトはそれだけではなかった。

２０２０年（令和２）10月、イギリスは、日本との経済連携協定（ＥＰＡ＝Economic Partnership Agreement）を結び、２０２１年（令和３）２月には、日本が主導する通称〝ＴＰＰ（Trans Pacific Partnership）〟と呼ばれる「環太平洋戦略的経済連携協定」への参加を申請するなど経済面でも着々と連携を図ってきたのである。

もとよりアメリカが参加を見送ったＴＰＰの構成11カ国のうち、半数以上の６カ国（カナダ・オーストラリア・ニュージーランド・マレーシア・シンガポール・ブルネイ）が「英連邦（Commonwealth of Nations）の国であり、さらにうち３カ国（カナダ・オーストラリア・ニュージーランド）は、イギリスの君主（現エリザベス２世）を自国の君主とする「英連邦王国」（Commonwealth realm）の主要国なのである。そのことから、この太平洋における戦略的枠組みにイギリスが参加することは当然の成り行きだったといってもよかろう。

このようにイギリスは、安全保障面のみならず経済面でもアジア太平洋へのシフトチェンジを図っており、その動きはいわば〝脱欧入亜〟のようにも見える。

そうした動きの中で日英関係の深化には目を見張るものがある。

イギリスの日本へのラブコールは、2020年秋ごろから加速するのだが、中でも注目すべきは、高度な機密情報を共有するイギリス、アメリカ、カナダ、オーストラリア、ニュージーランド5カ国で構成された〝ファイブアイズ〟(Five Eyes)への日本の加盟提案だろう。

そもそもこのファイブアイズとは、イギリスを盟主とする英連邦のアングロ・サクソン諸国とアメリカの英語圏5カ国が、軍事・安全保障などに関する機密情報を共有しようとする枠組みであり、イギリスのボリス・ジョンソン首相は議会(2020年9月16日)で日本の参加についてその意向を表明している。

本来ならば、こうしたことは同盟国のアメリカからの呼びかけが筋だろうが、驚くべきことにイギリスからの打診だったのだ。

こうした日英両国の緊密化は、アメリカ一辺倒だった日本にとって、新たな安全保障枠組みを模索する契機となっている。

むろん日本がファイブアイズに参加するには、スパイ防止法などの国内法や組織の整備が必要となろう。いずれにせよ、これを契機に日本が国際社会の諸問題に積極的に行動してゆくことができれば抑止力は格段に高まり、かつアジア・太平洋地域の安全保障環境も大きく変わってゆくことだろう。

もっとも近年は、激化する米中対立に加え、中国政府によるウイグルやチベット、南モンゴル、そして香港での人権弾圧はもはや看過できない状況にあり、こうした事態が自由主義諸国を結束に向かわせている。

なかでもイギリスは、中国の人権弾圧に対して敢然と立ち向かっており、その外交姿勢に我が国が見習うべきところは多い。

「日英同盟は同盟関係の模範」

いまこそ我々はかつての日英同盟に学び、日本の外交・安全保障と同盟のあり方を見直すべき時ではないだろうか。

海上幕僚長を経て統合幕僚長を務めた河野克俊元海将はいう。

「日英同盟は、『同盟関係とはこういうものだ』という模範です。ところが現在の日米同盟は歪であり、日英同盟のように双務性を持つべきだと思います。それが真の同盟なんです」

まさしく、かつての日英同盟がしっかりと機能したのは、利害の一致を見た両者が、お互いに犠牲も厭わぬ強い覚悟と信念をもって行動したからであり、そこに強固な信頼関係が生まれた。

ところが現在の日米同盟は、一方の締約国であるアメリカに頼るところが大きく双務性がない。このままではいつの日か信頼関係が損なわれ、同盟に亀裂が入らないとも限らない。そうならないためにこそ、かつての日英同盟に学び、アメリカの危機に際しては日本も犠牲を厭わぬ行動ができる双務性を持たせる必要があろう。

日英同盟は、現代に多くを訓え、同時に将来の日本外交の羅針盤ともなっている。世界各地に拠点をもった海洋国家イギリスとの同盟は、日露戦争から第一次世界大戦の歴史を振り返ってわかるように、同じく海洋国家の日本に未曾有の恩恵をもたらした。日英同盟によって日本は国際社会から信頼を獲得し、そして大陸国家ロシアの脅威を打ち払うことができた。さらに国際社会における五大国の地位も勝ち取った。日英同盟の時代は日本の絶頂期だったわけである。

ところが大東亜戦争後、イギリスに代わって世界各地に拠点を設け、圧倒的なシーパワーをもって世界の海の安全保障に寄与するようになったのはアメリカだった。そのことからも、世界に冠たる経済をシーレーン（海上交通路）に頼る海洋国家日本が、そのアメリカに組みすべきことに疑念の余地はない。

これは決してアメリカへの盲目的な追従を意味するものではない。もしや日本の生命線であるシーレーンの安全が脅かされるようなことがあれば、日本の生存にかかわる問題となるからである。

日本とイギリス――ユーラシア大陸を挟んで東と西の海洋国家の島国同士が再び手を取り合うことは、歴史的にもその利点は証明されており、いきおい〝第二次日英同盟〟並みの安全保障上の結束ができれば、日英両国にとってもメリットは大きいはずだ。

まさにこれは、かつての日英同盟時代の日本・イギリス・アメリカという海洋国家による安全保障枠組みの再来といえよう。

前出の河野元統幕長は、理想的な安全保障枠組についてこう語ってくれた。

「日本の安全保障には、日米同盟を基軸に、日英、日豪、日印という海洋国家同士の安保協力が必要だと思います」

なるほどこうした視点でみれば、台湾をはじめ、オーストラリア、ニュージーランド、マレーシア、シンガポール、インドといった国々との連携は海洋国家日本の安全保障にとっては重要となろう。

「クイーン・エリザベス」

そして空母「クイーン・エリザベス」――、2021年（令和3）9月4日に横須賀に寄港し、自衛隊と共同訓練を実施した本艦は、満載排水量約6万8千トン、全長284mで、英国海軍史上最大級の艦艇である。艦載機として最新鋭のF35B戦闘機および対潜哨戒や救難・輸送などの任務を担うヘリコプター合わせて約40機を搭載する。

F35B戦闘機は、特殊な機構によって短距離離陸・垂直着陸（STOVL＝Short Take Off and Vertical Landing）の能力を備えている。さらに興味深いことは、この「クイーン・エリザベス」には、F35Bで編成されたイギリス空軍の飛行隊と、同じくF35Bで編成されたアメリカ海兵隊の飛行隊が搭載されていることなのだ。

しかも「クイーン・エリザベス」を中核とする空母打撃群CSG21は、イギリスの駆逐艦2隻、フリゲート2隻、給油艦1隻、補給艦1隻のほかに原子力潜水艦が随伴し、さらにはアメリカ海軍のイージス駆逐艦1隻とオランダ海軍のフリゲート1隻が加わっている。つまり、実質上の英米蘭連合艦隊ということになる。さらに新編されたこの英空母打撃群の編成も、作戦海域によっては、英連邦のオーストラリアやカナダなどの艦艇が加わるとみられている。

２０２１年９月、そんな「クイーン・エリザベス」空母打撃群がアジア太平洋にやってきたのだから、中国も心穏やかではなかったであろう。「クイーン・エリザベス」空母打撃群の日本寄港と日英米蘭共同訓練（PACIFIC CROWN 21-4）の中国に対する牽制効果は抜群だったと思われる。

そこで一つ提案がある。

航空自衛隊も、イギリス空軍およびアメリカ海兵隊と同じF35B戦闘機を配備し、その母艦として「いずも」型護衛艦の空母への改修を行っているのだから、さらに「クイーン・エリザベス」の艦載機連合運用に加わることを考えてはいかがだろうか。

日英米は共通の戦闘機F35Bを持つわけだからこれを上手く運用しない手はない。

米海兵隊は、山口県の岩国基地にF35B戦闘機で構成される航空部隊を置いており、これを搭載する強襲揚陸艦「アメリカ」は、長崎県の佐世保に常駐している。そこで航空自衛隊のF35Bを米海軍「アメリカ」で、米海兵隊のF35Bを「いずも」や「かが」でも運用できるようにすれば、戦闘能力と運用効率は格段に向上するではないか。

〝日米英連合艦隊〟構想

日米連携にイギリス空母「クイーン・エリザベス」が加われば対中牽制力と抑止力は高まる。

「クイーン・エリザベス」とその2番艦「プリンス・オブ・ウェールズ」が交代でアジア太平洋に居続けてくれれば、日米英の3カ国連携ができる。

日米英のF35B戦闘機が「いずも」「かが」「アメリカ」「クイーン・エリザベス」の4隻をプラットフォームとして運用することで、日本の抑止力はもとより対中牽制力はさらに高まるだろう。

つまり〝日米英連合艦隊〟構想である。

これはあくまで私案であるが、英空母の寄港地を佐世保とすれば、米海兵隊F35Bが常駐する岩国と空自F35Bが配備される宮崎県新田原基地にも近い。もちろんF35Bのメンテナンスや修理は日本国内で実施できる。さらに英空母が搭載する対潜哨戒ヘリのマーリンHM.1は、海上自衛隊が岩国基地で運用している掃海・輸送ヘリMCH101と同型機（EH101）であり、加えて英空母の主機であるロールス・ロイス社製MT30は、このほどお目見えした海上自衛隊の最新鋭護衛艦FFM「もがみ」型にも採用されているので、共通部品の供給やメンテナンスも可能だろう。

　このようにイギリスの「クイーン・エリザベス」型空母は、横須賀を母港とする米原子力空母「ロナルド・レーガン」よりも自衛隊装備との共通部品が多い点にも注目したい。

　前述のように、現下の増強著しい中国の軍事力に、もはや日本が単独で立ち向かうことは難しい。ならば同盟国アメリカと、そして新たにインド太平洋の安全保障に関与してくれる、かつての同盟国イギリスと手を組んで中国に対抗してゆく必要性を強く訴えたい。

　これこそが、増強著しい中国海軍に対抗する最も効率的かつ有効な対抗手段ではないだろうか。

　これは日本の安全保障のためだけではない。日本が主唱してきた「自由で開かれたインド太平洋」構想の具現化であり、世界の安全保障のためなのだ。


　同盟の歴史は様々なことを訓えてくれている。

　かつての日英同盟は、まさに現在の日米同盟であり、かつての日独関係は現在の日中関係に重なってくる。そこから見えてくるものは、日本は、共通の価値観を有し、世界の海を制する海洋国家に組みすべきであり、著しい軍拡を続ける共産党一党独裁の大陸国家の中国と組んではならないということである。

本書では、第二特務艦隊を率いて地中海にはせ参じた佐藤皐蔵《さとうこうぞう》提督の貴重な資料を解析し、日本が最も輝いた日英同盟を検証した。そして私に日英同盟の意義を説いてくれた作家の故C・W・ニコル氏の慫慂《しょうよう》によって地中海のマルタを訪れ、同盟のあるべき姿を考えた。

本書を通じて、一人でも多くの日本人が今や忘れ去られた第一次世界大戦と日英同盟を再評価し、そしてそこから学んだものが、これからの日本の外交安全保障の羅針盤となれば筆者としてこれにすぐる喜びはない。

第1章 地中海の守護神

あの第二特務艦隊司令官

《突然に失礼いたします。

12月4日に産経新聞の「日本の人道姿勢　世界が評価」の記事を拝見して、昨16日の正論（著者注／「地中海マルタの記憶と日本の魂」、産経新聞「正論」欄２０１９年12月16日）の掲載を楽しみに待っておりました。

実は私、その時の司令官をしておりました海軍中将（当時は少将）の佐藤皐蔵の孫の横田素子（旧姓佐藤）と申します。（中略）

今回の井上様の新聞記事を読みましたら、どんなに喜んだ事かと仏壇に供え報告致しました。

どうしてもと御礼とご報告を申し上げたくて、私を可愛がってくれた祖父を偲んでmailを差し上げました》

２０１９年（令和元）12月17日、私のもとにこのようなメールが届いた。

その内容に驚きを禁じ得ず、翌朝、このメールに付記されていた番号に早速、電話をかけてみた。電話の向こうから聞こえてくる上品な言葉遣いに、私は背筋が伸び胸が高鳴った。まさか〝地中海の守護神〟として大活躍されたあの第二特務艦隊司令官・佐藤皐蔵提督のご令孫が……。

こうして数日後にご自宅へおじゃまさせてもらうことになったのである。

佐藤皐蔵提督が司令官を務めた日本帝国海軍第二特務艦隊は、第一次世界大戦において船舶護衛のために地中海を駆け巡り、連合軍の勝利に大きな役割を果たした。ところがその資料や記録写真はあまりにも少なく、したがってその活動はほどんど知られていない。

第二特務艦隊司令官・佐藤皐蔵提督（出典：『第二特務艦隊記念寫眞帖』）

私は横田さんのご自宅におじゃまするや、まず仏壇の前に正座して佐藤皐蔵提督にご挨拶させてもらった。ふと左に置かれた小さな机に目をやると、私へのメールに書かれてあった通り産経新聞に掲載された拙稿がお供えされていた。

佐藤提督にも読んでいただけただろうか。

目を瞑り、手を合わせると涙がこみ上げてきた。このとき私は、言葉に尽くしきれない大きな使命感を覚えた。日本ではほとんど注目されずにいる第一次世界大戦戦勝の記憶の開封という重大な任務の完遂を佐藤提督にお誓い申し上げたのだった。

横田さんは、今回私の訪問に合わせて従弟の鳥海高充氏と甥の佐藤雄一氏にも声をかけてくださっていた。

実はこの日は、長年、封印された日本の歴史の真実を、力を合わせて開封してきた盟友・産経新聞社大阪正論室長の小島新一氏を伴っての訪問であった。たいへんな事実が明らかになる予感がしたので〝戦友〟に助っ人をお願いした次第である。

東郷平八郎提督の「奮励努力」

我々は、佐藤皐蔵提督の資料整理と研究に没頭された横田素子さんの夫・友二氏の部屋に通された。ご主人はすでに他界されていたが、その部屋には佐藤皐蔵提督および帝国海軍に関する数多の資料やデータが所蔵されていた。そしてテーブルの上に準備されていた品々を見た私は腰を抜かしそうになった。

東郷平八郎提督から贈られた書「奮勵努力」

第一次世界大戦時下の地中海における大日本帝国海軍第二特務艦隊の活動を捉えた写真や佐藤提督が遺された資料など、それらはまさに〝国宝級〟だった。

横田さんがいう。

「もう私も年ですからね。これをどうにか処分するかどこか引き取り手がないか考えあぐねていたところだったんです」

仏間に掛けられた額は、なんと東郷平八郎提督から佐藤皐蔵提督に贈られた「奮勵《ふんれい》努力《どりょく》」（奮励努力）の書であった。

そこには「戊申夏　東郷」と添えられていたので、明治41年（１９０８）の筆ということになる。

そして「これもご覧ください」と言っ

て見せていただいたのが、これまた東郷提督から佐藤提督に贈られた掛け軸で、こちらには「興廢此在一戦」（興廃此在一戦）と揮毫《きごう》されていた。

木箱の裏には「明治四十一年七月　特ニ予ノ為ニ揮毫セラレタルモノナリ　佐藤皐蔵」と、佐藤提督自らの筆文字が記されていた。

感動でいっぱいになった。額と掛け軸の二つで、かの電文ができあがったのである。日本海海戦時の東郷平八郎連合艦隊司令長官の発した「皇国の興廃この一戦に在り　各員一層奮励努力せよ」の電文となったのだ。

注目すべきは、東郷平八郎提督が、当時名もなき海軍士官・佐藤皐蔵という逸材を早くから見出していたことである。

この額と掛け軸が贈られた明治41年（１９０８）の時点では、佐藤皐蔵は、まだ第1艦隊参謀の「海軍中佐」であった。彼が「少将」に昇進するのは、巡洋艦「利根」「吾妻」の艦長、戦艦「扶桑」の初代艦長（大佐）を歴任した後の大正5年（１９１６）のことである。つまりこの掛軸と額は、日本海海戦で大勝利を収めた世界の東郷平八郎提督が、若き海軍士官・佐藤皐蔵中佐に大いなる期待をかけていた証左であろう。

なるほど佐藤皐蔵少将は、将官昇進翌年の大正6年（１９１７）に第二特務艦隊の司令官として地中海に派遣され、連合軍の船舶護衛で大活躍して各国から絶賛されたのだった。第一次世界大戦で戦勝国となった日本が五大国となりそして国際連盟常任理事国となったのは、この第二特務艦隊の働きによるところが大きかった。

東郷平八郎提督の人材発掘能力にあらためて敬服する次第である。

東郷平八郎提督から贈られた掛け軸「興廢此在一戦」

「特務艦隊」編成

1917年（大正6）1月、日本は同盟国イギリスの強い要請を受けて、ついに第一次世界大戦における連合国の船舶護衛任務のための艦隊派遣を決定した。

これを受けて海軍は、第一、第二、第三の3つの特務艦隊を新編した。

「第一特務艦隊」（司令官・小栗孝三郎少将、後に竹下勇中将、千坂智次郎中将）は、巡洋艦「須磨」「新高」「対馬」「八雲」「春日」と第6駆逐隊の駆逐艦「春風」「初雪」「時雨」「初春」4隻から成り、英領シンガポールを拠点として東南アジアおよびインド洋の船団護衛に当たったほか、巡洋艦「新高」と「対馬」は遠くアフリカ南端のケープタウンに派遣された。

後にこの第一特務艦隊には、「第三特務艦隊」（山路一善少将）の巡洋艦「筑摩《ちくま》」「矢矧《やはぎ》」が編入されている。この第三特務艦隊は、大英帝国のオーストラリアおよびニュージーランドの航路護衛のためシドニーに派遣されていたが、4月の新編からわずか半年で第一特務艦隊に編入されたのである。

そして地中海に派遣されたのが、佐藤皐蔵少将率いる「第二特務艦隊」だった。

第二特務艦隊は、当初、巡洋艦「明石」を旗艦とし、松下芳蔵中佐が司令を務める第10駆逐隊の駆逐艦「梅」「楠」「桂」「楓《かえで》」と、横地錠二中佐を司令とする第11駆逐隊の駆逐艦「松」「榊《さかき》」「杉」「柏」の計9隻で編成されていた。

初代旗艦の「明石」は、1899年（明治32）に就役した国産艦（「須磨」型防護巡洋艦の

2番艦）で、排水量2800トン、全長約90メートル、乗員約310名、兵装は6インチ単装砲2門、4・7インチ単装砲6門、小口径砲12門、魚雷発射管4門を備え、日露戦争の黄海海戦や日本海海戦に参加した武勲艦であった。

そして8隻の駆逐艦は、第一次世界大戦の参戦に伴って外洋作戦に耐えられるよう記録的な短期間で建造された「樺《かば》」型二等駆逐艦であった。

驚くべきことに、日本がドイツに宣戦布告するや、その5日後にはこの型の駆逐艦10隻の建造が予算化され、日本全国の横須賀、呉、佐世保、舞鶴の海軍工廠および三菱長崎造船所、川崎造船所、浦賀船渠、大阪鉄工所で一斉に建造が始まったのである。1914年10月から12月頃に前述各造船所で建造が開始され、全10隻がその年度末の1915年3月末までに竣工していることに仰天する。わずか4～5カ月で新造艦10隻を見事に完成させているのだ。当時の日本の建造能力と国家の強い意思には感服する。

ちなみに現在の海上自衛隊の護衛艦の場合、予算編成や搭載機器・武装が当時の駆逐艦とは大きな違いがあるものの、1隻を就役させるまでにおよそ4年を要し、昭和60年代に建造された小さな護衛艦でも2年近くの歳月を要している。このことからも、その建造スピードがいかなるものであったかがおわかりいただけよう。

余談となるが、本「樺」型駆逐艦に注目したフランスが日本に発注を行い、１９１７年（大正６）に12隻が建造され「アラブ級駆逐艦」としてフランス海軍に引き渡されている。そして本級はなんと第二次世界大戦前まで活躍したのだった。

この「樺」型駆逐艦は、基準排水量５９５トン、全長約82メートル、乗員約90名で、速力30ノットを誇り、兵装として12センチ単装砲１門、８センチ単装砲４門、魚雷発射管２基４門を備えていた。

当初の第二特務艦隊は、旗艦「明石」と「樺」型駆逐艦８隻であったが、後に巡洋艦「出雲」および第15駆逐隊の駆逐艦「桃」「樫」「檜」「柳」の４隻が追加派遣され、第二特務艦隊の旗艦は「明石」から「出雲」に交代することになる。

エスコートとレスキュー

第二特務艦隊に課せられた任務は、英領のマルタ島を根拠地として、英国海軍および連合国海軍と連携しながら、ドイツ帝国およびオーストリア＝ハンガリー帝国の潜水艦〝Ｕボート〟による攻撃から船舶を護る船舶護衛・通商保護に努めると共に、潜水艦攻撃で被害を受けた船舶の乗員を救助するというものであった。

つまり〝エスコート〟（船舶護衛）と〝レスキュー〟（海難救助）だったのである。

第二特務艦隊を率いた佐藤皐蔵少将によれば、潜水艦戦そのものが第一次世界大戦から始まった戦闘であり、それまで各国は潜水艦から攻撃を受けたときの防御方法についてほとんど研究していなかったという。そのため潜水艦戦が始まってもその技術の進歩は遅々たるものであった。ヨーロッパの戦場から遠く離れた日本では、こうした新しい戦いに対する研究は遅れていた。

したがって地中海に派遣された第二特務艦隊は、水中の敵潜水艦を攻撃する爆雷投下装置などの対潜攻撃兵器をいっさい搭載しておらず、マルタ島に到着してから取り付けてもらい、同盟国の英国海軍からその運用を学び取って戦ったのだった。

当時のドイツの潜水艦Uボートとは、ドイツ語の潜水艦を指す「Unterseeboot」（水中の船）の略語でU-boot（「ウー」ボート）となるが、これを英語でU-boat（「ユー」ボート）と表記呼称することでドイツ海軍の潜水艦を指すようになった。

さてそのUボートだが、数種類のタイプが存在する。

基本的に潜水艦は、水中に潜んで魚雷で敵の軍艦や輸送船を攻撃することを主な任務とするが、非武装の商船などを攻撃するときは、海面に浮上して搭載した大砲を使うこともあった。また水上艦艇にとって大きな脅威であった機雷を敷設するタイプもある。

第一次世界大戦時、ドイツ海軍は戦艦や巡洋艦を多数保有し、イギリス海軍に次いで世界第2位の海軍だった。ところがドイツ海軍はこれら主力艦艇を温存して、潜水艦Uボートによる水上艦艇攻撃の戦術を重要視したのである。

ドイツが潜水艦戦力の拡充に力を入れたのは開戦劈頭《へきとう》の大戦果からだった。

1914年（大正3）9月5日に、ドイツ潜水艦Uボート「U21」がイギリスの軽巡洋艦「パスファインダー」を撃沈したが、これは世界戦史上、潜水艦による初の軍艦撃沈だった。そして続く9月22日にはUボート「U9」がイギリス装甲巡洋艦3隻を撃沈して各国海軍に衝撃を与えた。この被害を受けてイギリス海軍は、味方の艦艇が魚雷攻撃で被害を受けても自艦の動きを止めて救助してはならないと布告するほど潜水艦を恐れるようになったのである。その後も、10月31日にはUボート「U27」がイギリス軽巡洋艦「ハーミス」を撃沈し、またその2カ月後の1915年1月1日には戦艦「フォーミダブル」が撃沈されるなど、開戦直後からドイツの潜水艦攻撃は連合軍にとって最大の脅威だった。

第一次世界大戦中にドイツは、このUボートを約300隻も建造し、大西洋・地中海を含む全海域で連合国の商船を5000隻以上および連合軍の戦艦10隻を含む多数の戦闘艦を撃沈する戦果を上げている。

当時、地中海にはドイツ海軍とオーストリア＝ハンガリー海軍合わせて約40隻ものＵボートが潜んでいたとみられ、その攻撃による連合国船舶の被害は甚大だった。

日本艦隊が地中海で活動する前の１９１６年（大正５）の下半期だけで２５６隻（イタリア１３６隻、イギリス96隻、フランス24隻）もの船舶がＵボートによる攻撃の犠牲になっており、日本の第二特務艦隊がマルタを拠点に活動した１９１７年（大正６）５月から１９１８年（大正７）10月までの間をみても、汽船４１２隻、帆船２９２隻で合わせて７０４隻がＵボートによって撃沈されている。

その背景には、Ｕボートの乗員が実戦経験を積んで練度を向上させたこともあろうが、なによりドイツが、敵国の船舶を無差別に攻撃する「無制限潜水艦戦」を宣言した１９１７年（大正６）２月１日以降にその被害が急増したのである。

さらに、ドイツおよびオーストリアの潜水艦作戦が成功したのは、連合軍側の対潜水艦作戦能力が脆弱だったからでもある。

第一次世界大戦が始まった頃、潜水艦は海面に浮上して搭載した大砲で輸送船や商船を砲撃して沈める戦術が多用された。ところがこれに対抗する連合国商船などが防御用の大砲を搭載して反撃するようになったため、潜水艦は忍者のように水中に潜んで魚雷攻撃を行うようになったのである。

佐藤司令官の決死の覚悟

第二特務艦隊司令官　佐藤皐蔵ニ訓令

一、第二特務艦隊ハ「モノルタ」（マルタ）島ヲ根拠トシ、同地ニ於ケル英国艦隊指揮官ト協議シ、且関係アル連合国指揮官ト気脈ヲ通ジ、地中海方面ノ協同作戦及通商保護ニ任ズベシ。

二、第二特務艦隊ノ行動ニ関シテハ海軍々令部長ヲシテ之ヲ指示セシム。

大正六年二月七日

奉勅　　海軍々令部長　男爵　島村速雄

佐藤皐蔵少将は、出発前の心境を、大戦終結後の昭和9年（1934）7月2日に海軍兵学校で行った講演「歐州大戰中地中海ニ於ケル帝國海軍ノ作戰」（海軍兵学校訓育第二二號。

以降、講演録）で次のように述べている。以後、海軍兵学校訓育に記録された講演録から、できうる限り原文の表現を残しながら、読みやすいように現代仮名遣いにするなどし、注釈や改行を入れて紹介する。

《地中海派遣艦隊の司令官として任命せられたることは、自分としては身に余る光栄のことでありまして、万感交々至り《ばんかんこもごもいた》種々考えたのであります。艦隊の任務は実に重大であり、その成績は一国の栄辱にも関係することであるから、中々容易なことではない。もちろん軍人である以上、命令とあらば水火にも飛込まなければならないことであるが、任務が重大であるだけ、もしも自分の性格能力に相当しないような主義方針の下に働かなければならないものならば、国家の御為にならない結果を来すおそれあるゆえ一身のことなどは考えてはいられないから、御辞退をして他に適当な人に代わってもらうこそ、国家の為に忠なる所以《ゆえん》であるなどということでも考えて、いろいろ熟慮した結果、到達したのは大体次のようなものでありました。

「自分は日清日露の役も参加したのであるが、今度の任務はそれとは大に趣を異にしている。ヨーロッパの中央まで艦隊の司令官として乗出して日本帝国を代表し、外国人と協同して大切な任務を遂行しなければならないのであるから中々簡単な仕事ではない。

しかも独立の指揮官として遠く内地を離れて行く以上、大抵のことは独断専行でやっていかなければならないことになるのは当然である。

しかるに自分の性格を考えてみると、すこぶる粗撲なる性質で、外国人と樽俎《そんそ》（＝宴席）の間に折衝して外交手腕を振るうなどということは、自分の柄に合わないことである。当局者としてもそのことは承知して居られる筈だのに、済々たる多士の中から自分のようなものを撰び出されてこの重要なる任務を授けられたのは、柄にない外交手腕を振るわせるなどということに重きを置かれたのではあるまい。別に見るところがあるからであろう。

抑々ヨーロッパ方面まで我が日章旗を翻して征戦《せいせん》に従事する如きことは、日本民族初まって以来の壮挙であって、この檜舞台で成功すると否とは、帝国の栄辱に至大の関係を有することであるから、誠心誠意事に当たり勇敢に行動して征戦の目的を達し、帝国の栄誉を発揚しなければならぬ。

その為には如何《いか》なる骨も折ろう。如何なる犠牲も払おう。

また自分に授けられた勢力は主に駆逐艦であって假令《けりよう》（＝たとえ）それは我が国で最良のものであるとしても、戦闘艦などとは異なり、必要に応じ急造の出来るものであり、これだけのものを全部失ったからとて、帝国海軍の勢力に回復し得べからざる欠陥を来す程

講演録『歐州大戰中地中海ニ於ケル帝國海軍ノ作戰』

のものではない。

　また乗員は相当精撰された人々であるけれども、これを全部殺したからとて後継者に困る程のことでもない。これに反して、もしも我は艦隊がヨーロッパの檜舞台に出場して、日本軍人として相適しからざる様のことでもしようものなら、日清日露の役に於いて発揚したる我が海軍の名誉を失墜するのみならず、我が帝国の面目を辱めることになるから、そのようなことは出来るものではない。

　それであるから自分としては骨折りや犠牲は眼中に置かないで、ただ一生懸命に努力して帝国の為に気焔《きえん》を吐いてやろう。自分の腹はこれで決まった。もしそ

れが悪ければ御辞退しよう。」》
帝国海軍として、初めての地中海遠征と対潜水艦作戦、しかも列強海軍との協同作戦という初めてづくしの任務の艦隊司令官に任命された佐藤皐蔵少将の決死の覚悟が行間にあふれている。

丸腰同然で地中海へ

なにより水中の潜水艦相手の戦闘などこれまで経験もなく、かつ爆雷投射装置もなかったのだから、潜水艦の攻撃から船舶を守るには相当の覚悟が必要だったに違いない。

実のところ私も、佐藤皐蔵提督の前出講演録を精読していたとき、次の一行に行天した。

《我艦隊ガ「モールタ」（＝マルタ）到着迄ハ潜水艦ニ對スル何等武器ヲモ持ツテ居ラナカツタノデアリマス》（我が艦隊がマルタに到着するまでは潜水艦攻撃用の武器をなにも持っていなかったのであります）

そのとき私は驚きのあまり目を丸くして思わず口をあんぐり開けてしまった。

「第二特務艦隊は丸腰で戦場に赴いたのも同然じゃないか……」

私は、この驚愕の事実に佐藤少将の心中を察して思いを巡らせたのだった。

ではその武器や運用はどうしたのか。

佐藤提督はこう述べている。

《そこで到着後直《ただ》ちにその取り付けに取りかかり、一方、経験ある英国の将校を聘《へい》して実験談を聞いたり、我が士官を英国の駆逐艦に乗り組ましめて見学をさせたりして、只管《ひたすら》対潜水艦戦の研究をなさしめ、……》

そもそも潜水艦の実戦投入は第一次世界大戦が最初であり、したがって対潜戦の知識や経験を持つ者は帝国海軍の中にはいなかったのである。むろん対潜兵器も保有していなかった。そのため第二特務艦隊は、マルタに到着後に英国海軍から対潜爆雷などを支給され、その使い方を学んだのである。

そもそも日本海軍が潜水艦そのものを保有したのも、このときからわずか12年前の日露戦争（１９０４―05）最中のことだった。

日本は、アメリカからホランド型潜水艦５隻を購入したが、結局のところ日露戦争では日露双方ともに潜水艦を使うことはなかった。そして日本海軍は、その後１９０７年（明治40）に同盟国イギリスから潜水艦を購入して技術を学んだ。これと並行してアメリカから潜水艦の図面の提供を受け、ホランド型潜水艦を改良した国産潜水艦の第６号潜水艇を建造したのが1906年（明治39）だった。

そして1910年（明治43）4月15日、試験航行中の6号艇が沈没し、乗員全員が死亡するという痛ましい事故がおきた。

だがこのとき、艇長・佐久間勉大尉が息絶える直前まで事故状況を克明に記録し、艦と運命を共にした部下たちも最期まで持ち場を離れなかった。このことが各国海軍を驚かせたのだった。その後、潜水艦乗員としての佐久間艇長と乗員の立派な姿勢は世界の海軍で現在も語り継がれていることを付記しておきたい。

第二特務艦隊が地中海に赴いたのは、そのわずか7年後のことであり、日本はまだ本格的な潜水艦の運用すらできていなかった。したがって潜水艦の特性に関する十分な知識も持ち合わせていなかったことはいうまでもなかろう。にもかかわらず第二特務艦隊は丸腰のまま敵潜水艦の群れ成す地中海の戦場に飛び込んでいったのだった。

繰り返すが、第二特務艦隊は、すでに持っていた熟練の技術で戦ったのではなく、これまで経験したことのない対潜戦を、しかも初めて目にする兵器で戦ったのである。にもかかわらず大戦果を挙げて世界から称賛されたのだった。

だがそれは結果論であり、辞退をも考えた佐藤皐蔵司令官の心情は察するにあまりある。

詳細は後述するが、出発前、佐藤少将は、海軍大臣・加藤友三郎大将、海軍軍令部長・島村速雄《はやお》大将に続いて内閣総理大臣・寺内正毅《まさたけ》陸軍大将を訪ね、それぞれに自らの決意を申告し薫陶《くんとう》を賜っており、実はこのことが佐藤少将を奮起せしめ、世界を驚愕せしめるほどの大戦果に繋がったのである。

第二特務艦隊将卒諸士に告ぐ

佐藤少将は、まず巡洋艦「矢矧」でシンガポールに向かい、ここで艦隊旗艦となる巡洋艦「明石」に移乗した。

1917年（大正6）3月7日、出撃を前に佐藤皐蔵少将は全将兵に対してこう訓示した。

《第二特務艦隊将卒諸士に告ぐ

本艦隊は、今や大命を帯び連合諸国の艦隊と共同作戦の目的を以って地中海方面に向かい進発せんとす。

艦隊の勢力は有形的要素に於いて強大なりと稱《しょう》（＝褒めたたえる）すべからずといえども、その代表するところは即ち金甌無欠《きんおうむけつ》（＝他国に侵略を受けたことがない）の大日本帝国にして、これに従事する将卒《しょうそつ》（＝将校と兵卒）は、すなわち東郷大将、その他幾多の名将勇卒を出せる帝国海軍の軍人なり。

しかも旭旗《きよつき》を欧州海面に翻して征戦に従事するごときは、開闢《かいびやく》（＝はじまり）以来日本民族の未だかつて知らざるの壮挙にして、その成績の如何《いかん》は帝国の栄辱に至大の関係を有するものなるを思はば、吾人（＝われわれ）の栄誉甚大なるを感ずると同時に、その責任の極めて重大なるものあるを覚えずんばあるべからず。それ吾人の精神は五ヶ條の聖訓、これを貫くに一誠をもってするに於いて完全なるを得べく、業務の遂行は慎重精励、平素訓練せし所を応用すると同時に、新兵器に対する利用方法を修得してこれを善用するに於いて遺憾なきを期すべく、これらのことに関しては絶対の信任を諸士の上に置くに躊躇《ちゆうちよ》するものにあらずといえども、本艦隊の任務に鑑み、本職が諸士に要求するところは身体の健全を維持し、堅忍不抜《けんにんふばつ》の精神を発揚すると同時に忠恕寛容《ちゆうじよかんよう》の徳風を持続すべきこと、これなり。

いやしくも前者にして欠くるところあらんか、懸軍万里《けんぐんばんり》（＝軍隊が遠く離れてゆくこと）遠く郷国を離れ、苦艱《くかん》（＝つらい目に遭い苦しみ悩むこと）を忍び、欠乏に耐え、よくその任務を遂行すること能《あた》わず。後者をして欠くるところあらんか、艦の種類に応じ、各員の職務により、その繁閑《はんかん》苦楽を異にすべきものの間に於いて、協同一致の実を挙ぐること難し。

諸士それ意をここに致し、奮励努力、もって完全にその任務を遂行すると同時に、高遠に帝国の栄誉を発揚せんことを期せよ》（講演録）

いかなる困難にも動じることなく、耐え抜く「堅忍不抜」の精神の発揚と、誠心誠意、忠実にして寛容たる「忠恕寛容」の心をもって任務完遂に努めよとの訓示であった。

さらに任務遂行については、普段の訓練を応用するとともに、「新兵器」つまり爆雷など対潜兵器の使い方をいち早く習得して運用できるようにとの期待が込められている。

そして「奮励努力」――これぞ、かつて佐藤少将が、中佐時代に東郷平八郎提督から贈られた揮毫だった。

佐藤少将が麾下将兵に訓示したとき、おそらくあの書が脳裏に浮かんだことだろう。そしてそこには、かつて戦艦三笠のマストに揚がったZ旗が音を立てて翻っていたに違いない。

まさしく日本の名誉とその後の地位を確立できるかどうかの戦いがいま始まったのである。この訓示を受けた各艦の将兵は奮い立ち、必勝の信念に燃えたことは言うまでもなかろう。

覚書配布の理由

1917年（大正6）年3月11日午後3時、佐藤皐蔵少将麾下の第二特務艦隊はシンガポールを離れ、セイロン島（現スリランカ）のコロンボに向かった。

3月17日、コロンボに到着した艦隊は、燃料となる石炭および重油を積み込んだ。そして次の寄港地はアラビア半島南端のアデン（現イエメンの港湾都市）だった。

3月20日、コロンボを出港した第二特務艦隊は途上、潜水艦の魚雷攻撃から身を護るジグザグ航法やイギリス海軍式の手旗信号などを訓練しながらアデンに向かい、その27日にアデン港外に到着した。ここで油槽船から燃料を積み込むなどして艦隊は次の出航を待った。

ちょうどこのとき、同じ連合軍側に立って戦っていたロシアで革命が勃発して、戦局は連合軍にとって不利な状況にあるという電報が飛び込んできた。そんな不穏な情報を受け、これからヨーロッパに向かう艦隊将士の心情は穏やかではなかったであろう。

ロシアではこの革命（1917年3月）によってロマノフ王朝が倒され、革命を先導するウラジーミル・レーニン率いるボリシェヴィキが、ドイツおよびオーストリア＝ハンガリー帝国らの中央同盟軍との休戦を訴えるなどしてロシア国内は混乱した。もちろんこのことは東部戦線に兵力を割くドイツ軍にとっては有利に働き、他方、イギリスやフランスにとっては不利な出来事だった。

そんな状況下の3月29日、第二特務艦隊は、アデン港を出てアラビア半島南西部とアフリカ東部（現ジプチ付近）間のバブ・エル・マンデブ海峡を抜けて紅海に入った。

そして艦隊が、地中海の入り口にあるスエズに到着したのは4月2日早朝だった。

4月3日に第二特務艦隊がスエズ運河に入ると、エジプト方面海域を担任するイギリス海軍の艦隊司令官から遣わされた連絡官がやってきた。どうやら英艦隊司令官ウエーミス中将が佐藤司令官に相談したいとのことで、英艦隊司令部が置かれた運河中央に位置するイスメリアに立ち寄ってもらえないかと告げられた。

そこで駆逐艦を、次の寄港地となる地中海入口のポートサイドに先行させ、旗艦「明石」は先の申し出を受けてイスメリアに立ち寄った。

出迎えてくれたのは英海軍司令官ウエーミス中将だった。ここで佐藤少将らは大歓待を受け、イギリス海軍から対潜水艦作戦に関する貴重な経験談や情報をもらった。なかでも、英仏両海軍の船舶保護に関する意見の相違について学べたことは大きな収穫だった。

フランス海軍は、港湾・海峡・航路の警戒に重点をおき、イギリス海軍は、むしろ航行する船舶の護衛を重要視し、航路の警戒は意味がないと主張していたのであった。

この点について佐藤少将はこう述べている。

《初めて潜水艦に臨む我艦隊としては相当考えさせられた問題で、この機会に於いて英国側の意見を聞いておったことは大いにしあわせでありました》

やはり世界の海を制覇していたイギリス海軍に学ぶところ大であり、日英同盟の意義はそこにあったといえよう。

水中を縦横無尽に動き回る潜水艦の攻撃から船舶を守るには、重要施設周辺海域や特定海域を警戒するよりも、やはり航行する船舶と行動を共にして直接護衛する方が良いということだった。

こうして第二特務艦隊は、イギリス艦隊司令部との事前打ち合わせを済ませ、いよいよ地中海に乗り込むことになった。

佐藤少将は各級指揮官に対して、「警戒を厳重にすべきこと」「攻撃精神を旺盛ならしむること」「戦闘に際し心得るべき諸件」「協同任務の遂行に全力を傾注すべきこと」の四点について口達訓示を行ない、さらにそれを覚書《おぼえがき》として配布したのであった。

ところで佐藤少将は、口達訓示したにもかかわらず、なぜわざわざ「覚書」として書面にして各級指揮官に配布したのだろうか。

実は、それは佐藤少将の部下に対する教育指導だったのだ。

佐藤少将は、部下に対して、外国人と交渉するときの心得として、日本人は語学力が不十分であるため早合点して間違う可能性があるので、なるべく覚書を交換すべきだと教えていたのである。さらに外国人に接するときには、自尊心を維持し、決して自らを卑下することがないように、という注意も行っていた。佐藤少将は、まさに外国軍との協同作戦そして外交交渉の基本を部下に教育していたのである。

こうして艦隊がポートサイドで出港準備を整えている最中の４月７日、英軍司令長官から、早速、英国運送船「サキソン」号をアレキサンドリアからマルタまで護衛してもらいたいという依頼が飛び込んできた。

そこで佐藤司令官は、駆逐艦「梅」（艦長・平山榮少佐）と「楠」（艦長・山崎圭二少佐）の二隻にその護衛任務を命じ、両艦は、８日午前8時20分にアレキサンドリアに向けて出港していった。こうして「梅」と「楠」は、アレキサンドリアから英国船「サキソン」号を護衛して本隊より一足お先にマルタに入港したのである。４月12日だった。

同盟国イギリスに対潜水艦戦術を学ぶ

第二特務艦隊は、地中海派遣命令が下ってからおよそ2カ月後の1917年（大正6）4月13日午前11時半、根拠地となるマルタに到着し、グランド・ハーバーに入港した。

マルタに到着した第二特務艦隊は、まずは前述したとおり、各駆逐艦の後部甲板に対潜水艦兵器の爆雷投下装置を取り付け、加えて機械や艦体の整備を行った。

この「爆雷」（Depth Charge）とは、爆薬を詰め込んだドラム缶状の対潜水艦攻撃兵器で、艦艇から海に投下されたあと自重で沈んでゆき、あらかじめセットされた深度あるいは時間で起爆し、その爆発の強い衝撃によって敵潜水艦を撃破する仕組みになっていた。

日本艦隊は、この新しい兵器を搭載するために、大砲の砲弾をそれぞれ70発とし、予備の魚雷なども陸揚げして水中の潜水艦に対する攻撃力を増強したのであった。

さらに日本艦艇は、艦名を日本語で書いていたので、外国船が各艦を識別できるように、それぞれ「H」「I」「J」「K」「O」「P」「Q」「R」のアルファベットを艦首の両舷に描いた。

こうした準備には十数日を要しているが、その間、乗組員達は、敵潜水艦に対する爆雷攻撃の方法をはじめ、敷設された機雷の掃海方法、潜水艦の侵入を防ぐ防御網の敷設展開方法などをイギリス海軍から学び実地見学もした。そして佐藤司令官は、士官をイギリス駆逐艦に派遣し、実際の船舶護衛任務を研修するなどして明日の対潜水艦戦闘に備えたのだった。

同時にイギリス海軍から学んだ、対潜水艦戦術、掃海法、対潜網敷設法などを日本内地に報告して日本海軍の能力向上に努めることも忘れなかった。

特筆すべきは、同盟国イギリスの情報開示の姿勢だった。

なんとイギリス海軍は、その保有する兵器やその運用方法を日本海軍に教授するにあたって、イギリス海軍内で「将官のみ」「大佐以上のみ」と開示が限定された極秘書類をも佐藤少将に開示してくれた。こうしたことで両国海軍の信頼関係はより強固になっていったのである。これが日英同盟の実態であり、現場でもこのような信頼関係のもとに協同作戦が行われた。

まさに軍事同盟の理想の姿がマルタにあったのだ。

第2章 日英同盟の安全保障

義和団事件で

近現代史を振り返るとき、我が国の安全保障にとって日英同盟ほど重要な二国間関係は他にない。

ここでなぜ日英同盟が生まれたのかを振り返っておきたい。

1902年（明治35）1月30日、日英同盟は締結された。

それまで〝栄光ある孤立〟を誇ってきた世界最強の大英帝国が、東洋の小さな島国の大日本帝国と同盟を結ぶというニュースは世界中を驚かせた。なにせ大英帝国が対等の同盟国として選んだ相手は、近代化途上でしかも黄色人種の非キリスト教国であるから、世界の驚きはここにあらためて行を割くまでもなかろう。

その背景には、アジアにおけるロシア帝国の南進阻止と、同じく中国大陸に権益拡大を図ろうとするドイツ帝国、フランスへの対抗策があった。

当時のイギリスは、ドイツ・オーストリア＝ハンガリー・イタリアの独墺伊三国同盟（1882）とロシア・フランスの露仏同盟（1891）に対抗していたが、なかでも陸続きという地の利を活かしたロシアのアジア進出は、中国大陸に権益をもつイギリスにとって大きな脅威であった。

加えてドイツもその高い工業力をもって海軍力を増強しつつあり、またこのドイツに対抗すべくロシアと連携するフランスも脅威であった。

だがイギリスは、日清戦争初期の頃には中立を保ちながらも自国の権益の関係から清国に肩入れしており、戦後の、ロシア・ドイツ・フランスによる「三国干渉」を受けたときも、イギリスが日本の肩をもって介入してくれるわけでもなかった。

ところがその後の「義和団事件」（北清事変、１９００年）で潮目が変わった。

日清戦争後、西洋列強諸国が清国を分割するかのように権益を拡大してゆく中で、これに反発する清国内の宗教的秘密結社「義和団」が、「扶清滅洋」（清国を助けて西洋を討つ）のスローガンを掲げて各地で教会を襲い、宣教師や外国人を殺害するといった事件を起こした。

この動乱は北京にまで及んだ。１９００年6月には義和団によって日本とドイツの外交官が相次いで殺害されるという事件が発生し、各国の公使館が集中する地域が包囲される事態となった。列国は清国政府に対してその鎮圧を要請するも、逆に清国は列国に宣戦布告をして各国公使館地区に対して攻撃を開始したのである。

このとき公使館区域に籠城する列国兵士はごくわずかであったため、日本、ロシア、イギリス、アメリカ、フランス、ドイツ、イタリア、オーストリア＝ハンガリーの8カ国が陸上戦闘部隊を送り込んで清国軍による包囲を解いたのだった。

義和団事件が発生したとき、イギリスは、南アフリカのボーア戦争に兵力を投入していたため、もっとも迅速に兵力を送り込める近郊の日本に大軍の派遣を要請した。これを受けて日本は最終的に約2万人の兵力を投入したが、その数は、列強軍総兵力の3分の2を占めることになったのである。このとき清国内に権益を持つイギリスは、この日本軍の高い機動力に着目した。

柴五郎中佐と日本のモラル

そしてなにより、当初公使館地区が包囲されたときの日本軍人の勇猛な戦いぶりと日本軍兵士のモラルの高さがイギリスを魅了し、これが日英同盟に繋がったのである。

なかでも柴五郎陸軍中佐の存在が大きかった。

柴中佐は、籠城する列国軍の総指揮を執ったイギリス公使クロード・マクドナルドの下で部隊を指揮して勇敢に戦い、その武勇と礼節が絶賛されたのである。マクドナルド公使は、連合軍が北京に入城したとき「北京籠城の功績の半ばは、とくに勇敢な日本将兵に帰すべきものである」と発言し、日本に賛辞を送ったのだった。

『ロンドン・タイムズ』の北京駐在特派員G・E・モリソン氏は、日本軍指揮官の優秀さと兵士の武勇と軍紀の厳正さを本国に書き送っており、これを受けた同紙の社説は日本軍兵士を絶賛した。

《北京籠城中の外国人の中で、日本人ほど男らしく奮闘し、その任務を全うした国民はない。…日本兵の輝かしい武勇と戦術が、北京籠城を持ちこたえたのであった》（平間洋一著『日英同盟』角川ソフィア文庫）

柴中佐の指揮の元に勇猛果敢に戦った日本軍兵士への最大の賛辞である。

さらにピーター・フレミング氏は、その著書『北京籠城』の中でこう書いている。

《日本軍を指揮した柴中佐は、籠城中どの士官よりも有能で経験もゆたかであったばかりか、誰からも好かれ、尊敬された。

当時、日本人とつきあう欧米人はほとんどいなかったが、この籠城をつうじてそれが変わった。日本人の姿が模範生として、みなの目に映るようになった。

日本人の勇気、信頼性、そして明朗さは、籠城者一同の賞讃の的となった。籠城に関する数多い記録の中で、直接的にも間接的にも、一言の非難を浴びていないのは、日本人だ

けである》（村上兵衛著『守城の人』光人社NF文庫）

家に日の丸を掲げた北京市民

しかも日本兵の素行は抜群に良かった。

列国の兵士たちによる略奪や放火、暴行などが頻発し、とりわけロシア軍兵士は酷かった。ところが日本軍兵士だけは軍紀を厳正に守り、そのような事を一切起こさなかったのである。もちろん後に派遣された福島安正少将率いる陸軍部隊も、山口貞臣中将率いる第5師団の兵士も同じであった。

こうしたことから北京市民は、外国軍兵士から略奪や暴行を逃れるために、家に日の丸を掲げたという。

《白人兵の暴行掠奪《りゃくだつ》が横行する北京市内で、日本軍は規律厳正で安全ということで、日本軍管轄区には大勢の市民が流入し、また、北京の家々には暴行を避けるために日の丸が掲げられ、師団長がこれを禁止しなければならなかったほどでした》（岡崎久彦著『百年の遺産』）

私事になるが、私の曾祖父も第5師団の将校としてこの北清事変に参加しており、そうした軍紀厳正なる軍人であったことを誇りに思う次第である。もっともいまや当時の資料は墓標に刻まれた従軍記録しかなくその足跡を追うことができないことが残念でならない。

このように日本軍はめっぽう強く、しかも他に比類なき軍紀厳正なる軍隊であるということから、「日本は信用できる国だ」と太鼓判を押され、このことが日英同盟に繋がっていったのである。

この義和団事件（北清事変）における籠城戦で、日本軍の素晴らしさを目の当りにしたイギリス公使クロード・マクドナルドがその後、駐日イギリス公使・大使となり日英同盟を推進したのだった。

そしてこの義和団事件で、日本の評価を上げたもう一つの点を紹介しておこう。

それは清国から支払われた賠償金の要求額だ。

前述のとおり、８カ国派遣軍が投入した全兵力の３分の２が日本軍で、しかも列国中最大の被害を出しながらも、清国からの賠償金の配分は全賠償金のわずか８％足らずだったのである。

日本の戦死傷者１２８２名（うち戦死３４９名）に対して、ロシア戦死傷者９０１名（うち戦死者１６０名）、ドイツ戦死傷者３０４名（同60名）、フランス戦死傷者２１６名（同50

名）、イギリス戦死傷者352名（同64名）と、日本は最大の犠牲を払っていた。にもかかわらず、賠償金の配分は、ロシアが総額の約29％、ドイツは同比約20％、フランス同比約16％、イギリス同比約11％だった。このことから日本は、日清戦争後の露独仏干渉国にまたしてもしてやられたということになるのだが、実はこれは日本が自ら要求した額であり、この謙虚な姿勢からも日本の心根が読みとれる。

そもそも義和団事件は、およそ西洋列強およびキリスト教に対する排撃運動だった。もちろん列強と共に北京に公使館を置く日本も直接間接を問わずそのまま騒乱を放置すれば被害は免れなかったことも事実である。しかし日本の出兵は、危機に直面したイギリスからの強い派遣要請を受け、正義のために大軍を派遣したわけである。日本は、領土的野心や賠償金目当てで大兵力を送り込んだのではなく「義」をもって動いたのだった。

頼りになる日本の海軍力

そしてもう一つ、イギリスをして日英同盟締結を決断せしめた大きな理由がある。

それは日本の海軍力だった。

「この同盟で何らかの利益が得られるとすれば、それは日本の海軍力です」

イギリス国内で日英同盟が持ち上がったとき、ミッシェル・ヒックス・ビーチ蔵相が閣議でそう説明している。

少しさかのぼって三国干渉当時の露独仏海軍の主力艦の保有数は、ロシアが、戦艦18隻、巡洋艦15隻の合計33隻、ドイツは、戦艦23隻、巡洋艦24隻の合計47隻だった。そしてフランスにいたっては戦艦37隻、巡洋艦70隻の合計107隻も保有していた。

これに対して当時の日本海軍の主力艦は、戦艦ゼロ、巡洋艦わずか13隻であり、軍事力では、ロシア・ドイツ・フランスにまったく歯が立たなかった。このことから三国干渉を飲まざるを得なかった事情も理解できよう。

そこで日本は、必ずやその屈辱を晴らさんと臥薪《がしん》嘗胆《しょうたん》で軍事力増強を図った。陸軍7個師団を13個師団に増強する計画を立て、そして圧倒的劣勢にあった海軍は戦艦6隻、装甲巡洋艦6隻のいわゆる「六・六艦隊」を計画した。こうして日本は海軍力拡充に全力を傾けていったのである。

日本政府は、戦艦6隻すべてをイギリスに発注し、ロシア以外の列強のドイツやフランス、アメリカにも巡洋艦の建造を発注するなどして海軍力を増強していった。そして結果として日本海軍の戦艦や巡洋艦など主力艦のおよそ8割がイギリス製およびイギリスの協力を得て取得したものとなった。このことも日英接近に大きく貢献したのである。

元防衛大学校教授の故・平間洋一氏は著書でこう述べている。

《同盟の基本はパワーバランスであり、軍事力である。義和団事件時に集結した列国の艦艇は次の通りで、この艦艇の隻数にイギリスは日本が同盟国として「頼りになる」と考え始めたのであった》（『日英同盟』）

義和団事件時に、日本は事件発生から2カ月後には派遣艦艇を1隻から14隻に増強させており、これはロシア（6隻→9隻）やドイツ（2隻→5隻）、フランス（2隻→5隻）をしのぐ数だった。ちなみにイギリスが7隻から8隻に増やしたに過ぎなかったことから、イギリスが日本の海軍力に期待を寄せたことがよくわかる。

加えてイギリスは、日本の横須賀および呉海軍工廠の乾ドックなど、艦艇を整備できる施設や技術にも注目した。また日本には軍艦の燃料となる石炭を採掘できる炭鉱があったことも大きなメリットであった。

つまり日英同盟は、義和団事件における日本軍人の立派な振る舞いと、イギリスの日本海軍への期待から生まれたのである。

なるほどこのことは、現代の日米同盟によく似ている。

現代の同盟国アメリカも、士気高く規律正しい自衛官と、世界第二位の実力を誇る海上自衛隊、そして横須賀、佐世保などの後方支援施設や高い艦艇整備技術に期待しているのだ。

まさしく平間氏の指摘する、同盟の基本はパワーバランスであり、軍事力なのである。

日露戦争と日英同盟の意義

日英同盟が締結されたことは、日本史上極めて重要な出来事であり、現在の日本があるのはこの日英同盟があったればこそ、と言っても決して過言ではない。

いわずもがな、日露戦争の勝利は日英同盟に因るところが大きく、もし日英同盟がなければ日本はロシアに勝利することはできなかったであろう。さらに言えば、あの戦争に負ければ日本はロシア領になっていたかもしれない。

当時世界最強の大英帝国と同盟を結んだことは、日本の国際的地位を押し上げ、その信用度はべらぼうに高まったことは言うまでもない。

だから日本中は熱狂した。元外交官の岡崎久彦氏は著書『百年の遺産』の中でこう綴っている。

《島国日本は、自ら極東の英国と称して、自己を英国と同一化しようとしました。学校では君が代とゴッド・セイブ・ザ・キングの両方を歌ったとも言います。戦後日本の米国崇拝といっても較べものになりません》（注／ゴッド・セイブ・ザ・キング＝イギリス国歌）

それほどまでに日本人は日英同盟締結を喜んだのである。

そして日本の海軍力に期待を寄せていたイギリスは、日本の海軍力増強にあらゆる手を尽くして協力してくれたのだった。

こうして日露戦争前には、日本海軍は、戦艦6隻、旧式戦艦2隻、装甲巡洋艦6隻を含む軍艦57隻、駆逐艦19隻、水雷艇76隻など合計152隻もの大海軍に成長していたのである。

前にも述べたように日本海軍の主要艦艇のほとんどがイギリス製だったわけだが、ここでかつて作家のC・W・ニコルさんから教わった面白いエピソードを紹介しよう。

実は日露戦争前のイギリスは、日本向けに軍艦を建造するとき、できるだけ木材を使わなかったという。一方、ロシアから受注した軍艦には高級感を出すために木材を多用した。当然、木材を多用した艦艇は被弾すれば燃えやすくなる。つまりイギリスは、敢えてロシア向けの軍艦には燃えやすいように木材を使ったというのだ。

当時の日本海軍が使用した砲弾には、爆発力が高く燃えやすい下瀬《しもせ》火薬が使われていたのであるから、バルチック艦隊の撃滅には、そんな日英の隠れた連携プレーもあったようだ。

同盟国・イギリスの工作

1902年（明治35）1月30日に締結された日英同盟は後に、1905年（明治38）、1911年（明治44）と三次にわたって更新された。

締結当時、どちらかの国が敵対する一カ国と戦争状態に入った場合は、もう一方の締結国は中立を保つことになっていた。さらにこの中立を保つ締結国には、他の国の参戦を防ぐ努力の義務があり、それでもどちらかの国が2カ国以上と交戦となった場合には、締結国は同盟国を助けて参戦することになっていたのだ。

要するに、日本がロシアと二国間で戦争する場合、イギリスは中立を保ち、フランスやドイツが参戦することを防ぐ努力を行うが、もしやフランスかドイツがロシアに肩入れして日本に戦争を仕掛けてきた場合は、イギリスは日本を助けて参戦するという約束になっていたわけである。

したがって同盟国イギリスは、結果的に日露戦争に参戦しなかったのだが、外交上手のイギリスは「戦闘」以外のあらゆる手段を使って日本を助けてくれたのだった。

まずはロシアの軍艦購入に対する妨害工作だ。

日露戦争開戦前、チリ海軍は、イギリスの民間造船所に2隻の戦艦を発注していたのだが、予算不足のため手放さざるをえなくなった。そしてこの2隻がロシアへ売却されようとしていたとき、イギリス政府がこの2隻の戦艦を買い上げてロシア海軍の手に渡るのを防いでくれたのだった。

もう一例ある。

これは戦前、イタリアで建造されたアルゼンチン海軍向けの装甲巡洋艦「リバタビア」と「モレノ」を巡る日露両国の争奪戦だった。

日露両国は、この強力な武装を持つ2隻の装甲巡洋艦を購入しようとしのぎを削ったが、最終的にイギリスの情報によって日本が購入に成功したのだ。後の「春日」（リバタビア）と「日進」（モレノ）である。

ちなみに「日進」は、後の第一次世界大戦で第二特務艦隊の増援部隊として地中海に派遣されている。

さてこの2隻の購入合戦に競り勝った日本だったが、今度はイタリアから日本へ回航するという大仕事が待っていた。だが、日本人の回航員はいなかったため、この2隻に、イギリス海軍の予備役士官と、イギリス人とイタリア人の船員を乗り込ませてはるばる日本まで回航してくれたのだった。

このとき、ロシアはフランス領チュニジアに数隻の軍艦を派遣して、両艦の動きをしっかりと監視し追尾をはじめた。もしや日露開戦となればただちに拿捕するためだった。

ところが、イタリアのゼノア（ジェノバ）を出港して2隻がマルタを過ぎたとき、イギリス海軍の巡洋艦「キング・アルフレッド」「ユーリアス」がイギリス人船員を守るという名目で現れ、「春日」「日進」とロシア艦隊の間に割り込んできたのである。そうなるとロシア艦隊は手も足も出せない。イギリス海軍との交戦を避けたいロシア艦隊は、その後、2隻の追跡をあきらめたのだった。しかしその後も英巡洋艦「キング・アルフレッド」は2隻をインド洋のセイロンまで護衛し続けてくれたのである。

こうして「春日」と「日進」は、日露戦争開戦直後の1904年（明治37）2月16日に横須賀に無事到着できたのだった。そのときの日本国民の熱狂はすさまじく、日本中がまるで凱旋将軍を迎えるかのような歓迎ぶりだったという。

こうした同盟国イギリスの工作のおかげで、戦艦2隻と装甲巡洋艦2隻がロシア海軍の戦列に加わることが阻止され、最新鋭の装甲巡洋艦2隻が日本海軍の戦力になったのだから、イギリスの日本海海戦勝利への貢献は極めて大きかった。

イギリスのロシアへの嫌がらせ

中立を装うイギリスの対日協力はそれだけではなかった。

1904年（明治37）10月15日、バルト海のリバウ港（現ラトビア）を出港したロシアのバルチック艦隊は、グレートブリテン島東方の北海のドッガーバンクで、イギリスの漁船を日本の水雷艇と間違えて砲撃を加え、漁船一隻を沈めてしまった。「ドッガーバンク事件」である。

これに対しイギリス国内の反ロシア感情が高まり、『ロンドン・タイムズ』などのイギリスのメディアは一斉にロシアを非難し、反露集会なども開かれてイギリス国内の反露感情は猛烈に高まった。

そしてこの事件に対するイギリスの激高は、中立国スペインやフランスなどのバルチック艦隊への協力を消極的にさせたのである。

さらにイギリスがバルチック艦隊主力のスエズ運河通過を認めなかったために、艦隊主力はアフリカ西岸から南アフリカの喜望峰を回って合流点のマダガスカルに行かねばならなかった。そのため、本来なら出港から3カ月ほどで極東のウラジオストクに着ける航海が7カ月という膨大な時間を要することになったのである。

またイギリスは、スエズ運河の通航を認めないばかりか、大英帝国植民地へのバルチック艦隊の寄港を拒否し、さらに軍艦の燃料だった石炭の補給も断った。こうしたイギリスの嫌がらせと長い航海によって、バルチック艦隊将士の精神・肉体両面の疲労は頂点に達していたといい、これに伴う士気と戦意の低下がその後の日本海海戦の勝敗に大きな影響を与えたのだった。

ここにバルチック艦隊乗組員ノボコフ・プリボイが書いたリアルなイギリス海軍による嫌がらせの記録があるので紹介しておこう。

《スペインのビィゴに入港すると、五隻のドイツ給炭船が待っていたが、スペイン当局は中立条約を楯《たて》に給炭や乗員の上陸を禁止した。最終的に何とか次の寄港地分として四〇〇トンの給炭は認められ出港したが、出港するとイギリスの巡洋艦が現れ、我々を挑発するように、ある時は艦隊の左舷や右舷に並び、時として針路を横切って後ろに回り込み、時には半円形の陣形を取って囲い込むなど、われわれを囚人同様に看守した。マダガスカルでは北端のデエゴスワレスで給炭する予定で給炭船とも合流する計画であったが、イギリスの圧力でフランスは寄港地をノシベ湾に変えてしまった。カムラン湾でも同様であった。入港時には巡洋艦デカルトに乗艦したジョンキエルツ少将が訪れて、歓迎の意を表したが、六日後に再び訪れたジョンキエルツ少将は二四時間以内に領海外に出るよう要求した。そして、それから四日間も航続の艦隊が到着するまで、日本艦隊の襲撃を警戒しながら洋上をさまよわなければならなかった。このようなことから、われわれ兵員達は、だんだんロシアの専制政治に対する信頼を失い、何よりも大切な将兵の戦意を消耗してしまった》

（前掲『日英同盟』）

日英同盟で勝った日本海海戦

つまりバルチック艦隊が日本海にたどり着くまでの間、同盟国のイギリスが彼らの士気を挫いて戦意を消耗させる神経戦を仕掛け、さらに点在する植民地から得られたバルチック艦隊の動向に関する情報を逐次日本に伝えてくれていたのである。

元海上自衛隊ペルシャ湾掃海派遣部隊指揮官・落合畯《たおさ》海将補はこんな話をしてくれた。

「1991年（平成3）、湾岸戦争後に私が掃海部隊を率いてペルシャ湾に向かったとき、小さな哨戒艇は7日ごとに補給が必要で、香港、シンガポール、スリランカ、パキスタン、オマーンなど各港に寄港しなければなりませんでした。このとき思ったことは、こうした重要拠点はすべてイギリスがおさえていたんだということでした。大英帝国の凄さというものをこのとき改めて認識しました」

かつてのバルチック艦隊将士も大英帝国について同じことを思ったのではないだろうか。こうした英領の港に入港を拒否され乗員の休養も許されなかった艦隊将士は、今から戦う日本の同盟国イギリスの凄さを思い知ったに違いない。

こうしたイギリスの妨害工作によって疲労困憊したバルチック艦隊を、士気高く戦意満々の我が連合艦隊が対馬沖で迎え撃って壊滅させたのである。まさに日本海海戦の大勝利は、日英同盟の見事な連携による成果だったのだ。

加えて当時のイギリスのメディアが挙って日本寄りの記事を配信し続けてくれたことも、世界の世論を味方につけることに大きく貢献した。

そしてなにより、この日英同盟の最大の効果の一つは、フランスの参戦を防いだことである。

当時、ロシアとフランスの間には露仏同盟があった。だがもしやフランスがロシアを支援して日本と戦うことになれば、前述の通り、日英同盟に基づいてイギリスが参戦することになる。したがってフランスはロシアを助太刀するわけにはいかなかったのだ。つまり日英同盟があったからこそ、強大な海軍力を持つフランスの参戦を防ぐことができたのである。

加えて、イギリスは、日露戦争開戦2カ月後の1904年4月8日にフランスと英仏協商を結び、結果としてこれがフランスを、イギリスの同盟国・日本との戦争に飛び込ませない歯止めの役割を果たしていたのだ。

日英同盟は最大の〝抑止力〟だったのである。

失敗の教訓

そして1905年（明治38）9月4日、アメリカのポーツマスで米大統領セオドア・ルーズベルトの仲介で外務大臣・小村寿太郎とロシアのセルゲイ・ウィッテが講和条約「ポーツマス条約」を締結し、日露戦争は日本の勝利で終結した。

しかしながら当時の日本の継戦能力は限界であり、日本としてもこれ以上の戦費投入は難しかった。そんな状況にありながら親日的なセオドア・ルーズベルト大統領が日本からの申し入れを快諾して日露講和条約の仲介に立ってくれたわけだが、それは、日本が世界の超一流国イギリスと同盟を組んでいたからであろう。もしや日英同盟もなく、日本が単独でロシアと戦っていたら、そうはいかなかったかもしれない。

だがその後、中国の権益確保を虎視眈々と目論んでいたアメリカの横やりで、結果的に日英同盟は解消に追い込まれてしまう。アメリカの提唱した日米英仏の四カ国条約の締結（１９２１年）によって、実質的にその条約に呑み込まれた日英二国間の同盟はその役割を終えさせられたのである。

１９０２年（明治35）から１９２３年（大正12）まで20年間続いた日英同盟はここに終焉した。

日本の国際的地位が揺らぎ始めたのはそれからのことであり、もしや日英同盟が続いていたらと考えると真に残念でならない。

元駐タイ大使の岡崎久彦氏は、第一次世界大戦後の世界大恐慌後も日英同盟が続いていたらどうなっていたかをこう説明している。

《あの当時、中国大陸に最大の利権を持っていたのはイギリスです。そのイギリスとがっちり組んでいれば、日本は中国市場を確保できたでしょう。アメリカはたしかに日本の中国政策に反対だった。しかし、日本がイギリスと利害調整をしていれば、当時のアメリカとしては日英共同の政策には反対できません。

さらに、日本が大英帝国の経済ブロックに均霑《きんてん》する（平等に利益を得る）ことも可能だったでしょう。日英同盟が継続していれば、イギリスにとって、日本はアジア戦略の大事なパートナーということになる。その日本が困っていれば、イギリスだって助けたでしょう》（『賢者は歴史に学ぶ』）

このことから日英同盟がいかに重要だったかがおわかりいただけよう。

実はイギリスにとっても日英同盟の時代が絶頂期だった。

かつて故・渡部昇一上智大学名誉教授が、イギリスの著名な学者に「何といっても、日英双方にとって最も不幸だったのは、日英同盟の解消であったと思う」と話すと、このイギリス人学者も「まことにそのとおりだ」と、膝を打たんばかりにして同意したというのだ。このことを綴った渡部氏の著書『かくて昭和史は甦る』（クレスト社）で氏はこう述べている。

《イギリスとの同盟がなくなったと見るや、アメリカは日本を狙《ねら》い撃《う》ちし始め、日米関係は悪化の一途を辿《たど》った。この二年後の大正十三年（一九二四）に、米国議会で、〝絶対的排日移民法〟が成立したのは、その手始めともいうべき出来事であった。

以来、日本はどんどん国際社会で孤立していき、最後には敗戦国になった。

またイギリスも、第二次大戦で勝ったのはいいにしても、気が付いたらイギリス帝国は解体せしめられ、かつての栄光は失われ、経済的にも一人当たりの国民総生産が、かつての植民地シンガポール以下になってしまったのである。

先ほどのイギリス人にしても、「振り返ってみれば、日本と同盟を結んでいた時期こそが、大英帝国の絶頂期だった」という忸怩《じくじ》たる思いがあるからこそ、私の問いかけに「そのとおり」と答えたのであろう。今さら後悔してどうなるものでもないが、日本にとってもイギリスにとっても、日英同盟が消えたことは、まことに大きな不幸であった》

およそ１００年前の日英同盟解消という失敗の教訓を将来の外交・安全保障政策に活かさねばならない。

第3章 忘れられた第一次世界大戦

欧州派兵要請を断り続けた日本

現在の日本では、第一次世界大戦の歴史をほとんど学ばず、その後の大東亜戦争を「あんな遠い南太平洋の島々まで出て行って戦争をした」などと批判する声がある。だがそもそもサイパンをはじめテニアン、パラオ、トラック諸島など大東亜戦争で激戦地となった島々の多くは、第一次世界大戦で日本の委任統治領になった日本の領土だったのだ。

第1章で述べたように、実は第一次大戦で日本海軍は、日英同盟に基づいて遠くインド洋、地中海で船団護衛を行っている。また、ドイツ東洋艦隊をアメリカ大陸まで探索し、艦隊決戦を挑もうとしていた事実もある。

そして第一次世界大戦の結果、ドイツはアジア太平洋の植民地と権益をすべて失い、それらは戦勝国となった日本が委任統治領として引き継いだ。同盟国イギリスは、日本艦隊の地中海派遣と引き換えに、これらドイツ領だった南洋の島々を、戦後日本が統治することを承認する密約を持ちかけていたという。

こうした歴史的事実を知らなければ、のちの大東亜戦争を評価することもできまい。

そこで、今一度、日英同盟に基づく第一次世界大戦における日本の参戦の経緯を振り返っておきたい。

1914年（大正3）6月28日、オーストリア＝ハンガリー帝国の皇位継承者フランツ・フェルディナント夫妻が銃撃された「サラエボ事件」を発端に、翌7月28日、史上最大の第一次世界大戦（グレート・ウォー）が勃発した。

宣戦布告の時期は国によって異なるものの最終的に「連合国」側には、大英帝国、フランス、ロシア帝国、イタリア王国、大日本帝国そしてアメリカなど多くの国々が参加し、対する「中央同盟国」側にはドイツ帝国、オーストリア＝ハンガリー帝国、オスマン帝国、ブルガリア王国が立った。

日本は、同盟国イギリスが8月4日にドイツに宣戦したことを受け、その23日にドイツに宣戦布告を行なったのである。

開戦当初、イギリス・フランス・ロシアなど連合国は日本に対して陸軍部隊をヨーロッパに派遣するよう再三要請してきたが、日本政府は、日本軍の兵士は徴兵制度に基づいて招集されているのであるから、日本の国益に直接関与しない戦場には派遣できないと、その申し入れを頑なに断り続けた。

さらに日本は、同盟国イギリスからバルト海やダーダネルス海峡封鎖作戦への海軍部隊派遣を要請されても、同様の理由で拒否したのだった。

ヨーロッパへの陸兵派遣の熱心な要請と交渉については、元防衛大学校教授の平間洋一氏がわかりやすく解説しているので、その著書『日英同盟』を参考に紹介したい。

日本は、日英同盟に基づいて1914年8月23日にドイツへ宣戦布告、その後、ロシアのセルゲイ・サゾーノフ外相から駐露大使にヨーロッパへの日本軍派兵要請があり、さらに9月2日にはイギリスのエドワード・グレー外相から駐英大使に地中海への艦隊派遣の打診があった。

しかしながら当時の日本政府は、いずれの申し入れに対しても、日本の軍隊は日本国土を守るために存在しているとのことで、当初これらの申し入れを頑なに拒否した。

その2カ月後の11月4日に再び英駐日大使ウイリアム・C・グリーンから、トルコが新たにドイツ側の中央同盟軍に加わって兵力が不足しているという情勢変化の理由と、もしや日本がヨーロッパに派兵してくれれば、戦後は列国との商議に一層有力な発言権を得られるという条件提示をもって陸軍部隊のヨーロッパ派遣と海軍部隊の地中海派遣を要請してきたのだった。

それでも外務大臣・加藤高明は、11月14日に、日本の軍隊の唯一の目的は国防にあるので、国防の性質を持たない目的のために国外に派遣することは組織の主義と相容れず派遣は不可能であると拒否したのである。加藤外相は、相当に効果ある貢献をしなければ国民が納得しないとした上で、そのためには10個軍団以上の兵力を出す必要があるが、ヨーロッパまで輸送する船舶の不足、多大な経済的負担などからこの再度の申し入れも拒否したのだった。

開戦翌年の１９１５年、戦況が連合国側に不利な情勢となるや、ロシアやフランスの新聞が日本の派兵を論じ始めた。同年3月には、主戦場の一つとなったベルギーの駐日大使からも出兵の可否について打診があった。それでも日本は態度を変えることはなかったのである。

そんな中、ロシアに革命（１９１７年3月）がおきてロシアが連合国から離脱。これをきっかけにドイツを中心とする中央同盟軍が勢いを増し、さらにアメリカがドイツの「無制限潜水艦戦」を契機に参戦した後は、派兵要請を断り続ける日本に対する非難が高まった。

日露戦争で世界一の陸軍国ロシアを打ち負かした日本陸軍の派兵を期待する列国の気持ちもわかる。だが、日本政府が、四方八方からの外圧に負けることなく、自らの戦力の限界をしっかりと認識した上で、一貫してヨーロッパ大陸への陸兵派遣を断り続けた姿勢は見事であったといえよう。

国益の及ぶ太平洋では戦った

一方、国益の及ぶ太平洋域については事情が異なった。

日本は、ヨーロッパ大陸への陸兵派遣を断りつつも、アジア太平洋域のドイツ領に対しては陸海軍を派遣してドイツ軍と交戦している。

その代表的な戦いは「青島《チンタオ》攻略戦」であろう。

この日独開戦前、日本の参戦を予期した青島のマクシミリアン・フォン・シュペー中将率いるドイツ東洋艦隊は、主力の装甲巡洋艦「シャルンホルスト」「グナイゼナウ」、軽巡洋艦「エムデン」「ニュルンベルク」「ライプツィヒ」を出港させており、青島に残ったのは駆逐艦、水雷艇、砲艦など小型の艦艇だけだった。

青島要塞に立て籠もったドイツ軍兵力は約4300人、堅固な要塞に大小合わせて100門の大砲が備え付けられていた。

攻める日本軍は、神尾光臣《かみおみつおみ》中将率いる第18師団（久留米）の約2万9000名を基幹とする部隊で、9月初頭に山東半島に上陸後、10月31日から堅固なドイツ軍の要塞に対して多数の大砲をもって猛烈な砲撃を加えた。さらには日本軍事史上初の飛行機を投入するなどして11月7日にドイツ軍を降伏せしめたのだった。

この戦いで忘れてはならないのが、同盟国イギリス軍の来援だ。イギリス軍は、ナサニエル・バーナージストン少将率いる約1500名が参戦しており、つまり青島攻略戦は、日英連合軍による戦いだったのである。

また、海軍の加藤定吉《さだきち》中将率いる第二艦隊は、ドイツ領「青島」のある膠州《こうしゅう》湾の封鎖と兵員護送と青島攻略戦への直接参加を行なったが、この戦いで注目すべきは、イギリス海軍が戦艦「トライアンフ」と駆逐艦「アスク」を参加させ、加藤中将の指揮のもとで戦ったことだ。

このようにイギリスは、日英同盟に基づき、規模は小さくとも開戦劈頭から同盟国日本の軍事作戦に陸軍も海軍も送ってきていたわけである。となれば、イギリスがヨーロッパ方面に陸海軍部隊を送ってもらいたいという申し入れにも頷けよう。

ドイツ艦隊を追って北米大陸西岸へ

さて青島が陥落し、ドイツの膠州湾租借地が日本軍の手に陥ちても気になるのは、日本の参戦を前に膠州湾から逃げ出したドイツ東洋艦隊の主力艦の行方だった。

加藤友三郎中将は、第一艦隊麾下《きか》の第1戦隊および第5戦隊、第1水雷戦隊を率いて、8月28日にドイツ東洋艦隊主力を探し求めて佐世保を出港した。

一方、香港を根拠地とするイギリス東洋艦隊の戦力は、装甲巡洋艦2隻、旧式戦艦1隻、軽巡洋艦2隻、駆逐艦以下十余隻で、そのため日本海軍に周辺海域の警戒とドイツ艦隊の捜索を依頼してきたのである。

そこで日本は「第一南遣支隊」（司令官・山屋他人中将）を新編し、9月から、太平洋のドイツ領であった南洋諸島海域の索敵に乗り出した。

さらにイギリスは、オーストラリア軍の輸送の安全確保のために、日本にさらなる独立艦隊の派遣を要請。日本政府はこれを了承して「第二南遣支隊」（司令官・松村竜雄少将）を新編して南太平洋へ派遣した。

両支隊は、ドイツ東洋艦隊の索敵作戦のため、ドイツの植民地であったマリアナ諸島（サイパン・テニアンなど）や、パラオ諸島、トラック諸島、ヤップ島、ポナペ島、ヤルート島などを次々と占領していったのである。

こうした日本艦隊の索敵行動にもかかわらず、ドイツ東洋艦隊主力の行方は依然つかめずにいた。

そこで日本は、当時まだ中立国であったアメリカの周辺海域を捜索すべく、「遣米支隊」（司令官・森山慶三郎少将）を編成して、なんとカナダのエスカイモルト軍港を拠点に北米大陸西岸の警戒に当たっている。

第一次世界大戦で、日本海軍がかくも遠く離れて作戦行動を実施していたことはほとんど知られていない。

こうした日本艦隊の追撃を受けたドイツ艦隊はどうなったか。

ドイツ艦隊は、当時ドイツ領だったマリアナ諸島サイパン島の北約３２０キロに位置するパガン島に退避していたが、日本の対ドイツ宣戦布告前の８月13日には「シャルンホルスト」「グナイゼナウ」「ニュルンベルク」が南米のマゼラン海峡を周ってドイツに帰還すべく島を離れた。このとき「ライプツィヒ」はメキシコ沖にいて、後にこれらの艦船と合流することになっていた。

残されたのは軽巡洋艦「エムデン」ただ一隻。

実は、この「エムデン」には別命が下されていたため単独行動をとったのである。艦隊司令官・シュペー提督は「エムデン」艦長のカール・フォン・ミューラー中佐に対してインド洋において、連合国船舶に対する通商破壊作戦を下令していたのだ。

こうして「エムデン」は、蘭印ジャワ島の南からスマトラ島を北上してインド洋に入り、ビルマ沖からセイロン島沖、モルジブ周辺海域などインド南端海域で大暴れして連合国の商船26隻を撃沈・拿捕し、インド南東の街マドラス（現チェンナイ）を砲撃するなど大きな戦果を挙げていた。「エムデン」は連合軍にとってたいへんな脅威であった。

余談だが、「エムデン」は3本の煙突を持っていたが、イギリスの巡洋艦が2本あるいは4本であることに目をつけ、煙突を1本付けて偽装し、イギリス巡洋艦に見せかけていたのだという。

手柄を譲った「伊吹」の武士道

そんな「エムデン」にも運命の時がやってきた。

1914年11月9日、インド洋にある現オーストラリア領・ココス諸島で、「エムデン」はオーストラリア軽巡洋艦「シドニー」に発見され、激しい砲撃戦の末にノースキーリング島に座礁し、ミューラー艦長以下は捕虜となったのである。

実はちょうどこのとき、イギリスの要請に基づいて特別南遣支隊（司令官・加藤寛治大佐）の巡洋戦艦「伊吹」が、イギリス巡洋艦「ミノトーア」と共にインド洋を航行していた。ニュージーランド陸軍部隊を乗せた輸送船10隻とオーストラリア陸軍部隊を乗せた輸送船28隻の合計38隻という大輸送船団を護衛していたのである。

オーストラリア陸軍部隊はオーストラリア南西端のアルバニーから送り出されているため、そのまま船団がインド洋に向かえば、まさしく「エムデン」が最期を迎えたココス諸島からそう遠くない海域を通航することになる。この大船団護衛には、オーストラリア海軍の巡洋艦「メルボルン」と「シドニー」も加わっていた。

そんなときココス諸島から「エムデン」来襲のSOSを傍受した。そのときの行動には諸説あるようだが、「シドニー」が「エムデン」攻撃に向かい、「伊吹」が船団護衛を引き受け、「エムデン」撃破の栄誉を「シドニー」に譲ったのだった。

平間洋一元防衛大学教授によれば、このことが「伊吹の武士道的行為」として礼賛され、日本海軍のオーストラリア警備作戦の成果や友好のシンボルとなっているという。

「エムデン」にとどめを刺したオーストラリア海軍の軽巡洋艦「シドニー」の性能は、排水量5400トン。一方の輸送船護衛に回った日本の巡洋戦艦「伊吹」は、排水量約1万5000トンで、大きさもその武装も格段に強力だった。

対するドイツ海軍の「エムデン」は、満載排水量でも4270トンの軽巡洋艦であるから、巨漢重武装の「伊吹」にはかなわない。一対一で決戦を挑めば瞬時に勝負がついたであろう。にもかかわらず仇敵「エムデン」を仕留める功をオーストラリア海軍に譲ったのだ。だからこそ「伊吹」の武士道精神が礼賛されたのである。

このときの「伊吹」のＡＮＺＡＣ部隊（オーストラリア・ニュージーランド軍）の船団護衛は、現代の日豪の安全保障にも影響を与えていることを付記しておきたい。

そしてドイツ東洋艦隊の主力は南アメリカ周りで脱出を図ろうとしたが、1915年12月8日のフォークランド沖海戦でイギリス艦隊に主力艦4隻を撃沈され、同年3月14日に最後の1隻となった巡洋艦「ドレスデン」がチリ沖で自沈した。

こうしてドイツ東洋艦隊は全滅したのである。

名将山口多聞の第一次大戦

実はこのドイツ東洋艦隊追撃戦には、後の大東亜戦争で空母「飛龍」と共にミッドウェー海戦で散華《さんげ》した第二航空艦隊司令長官の山口多聞《たもん》中将（当時は少尉）が参加していたのだ。

この戦いについては、「藻塩草《もしおぐさ》」という未公開の遺品の中にしっかりと記録されていた。「藻塩草」とは、山口多聞提督自らが、その時々の思いを歌にして綴った随想録であり、比較的近年に山口多聞提督のご子息の宗敏氏（三男）によって発見されたものであった。

宗敏氏はいう。

「実はね、父・多聞は字が上手じゃなかった。私の祖父から『お前は、字が下手だから人から頼まれても絶対に揮毫は書くな』と言われていたので、山口多聞の揮毫などはほとんど遺っていないんです。ですからこれを古い行李の中から見つけたときは驚きましたね」

そんな貴重な遺稿を、一ページずつ丁寧に読んでゆくと、そのときの日本海軍軍人の心情がいたいほど伝わってくる。

この随想録「藻塩草」は、江田島の海軍兵学校卒業時の決意から始まる。

誠心を君と親とにつくしてぞ
　捨つる命のはえもありける

宗敏氏はこんな話をしてくれた。

「父は、私が10歳のときにミッドウェー海戦で戦死しましたが、私に、将来は軍人になれとか政治家になれなどということを一切言わなかったですね。ただいつも、〝誠〟の心をもって国に役立つ人間になれとだけ言っておりました」

なるほどそんな山口多聞提督の子供達への教育は、海軍兵学校卒業時の決意の冒頭にあった。

そして誠心誠意をもって戦の庭にはせ参じた若き海軍士官・山口多聞の初陣こそが第一次世界大戦だったのである。

私が、宗敏氏に第一次世界大戦に関する親子の会話について訊いてみると宗敏氏から意外な言葉が返ってきた。

「それがね、私は父から第一次世界大戦のことを聞いた記憶がないんです」

だがこの「藻塩草」の中には、第一次世界大戦の戦場で綴った思いがしっかりと記録されていた。

山口多聞少尉は、開戦劈頭から防護巡洋艦「筑摩」や戦艦「安芸」に乗り込んで、ドイツ東洋艦隊の索敵や連合軍の船舶護衛のためインド洋にも遠征した。そのときの思いを「独逸と一戦を交ゆるとき、三国干渉当時を忍びて」として山口多聞少尉はこう詠んでいる。

　そのむかし受けし恨をつぎ〳〵に
　　報いゆくこそ嬉しかりけれ

なるほど当時の軍人は、こうして日清戦争後の三国干渉の恨みを晴らさんとドイツとの戦いに挑んでいたのだ。

臥薪嘗胆《がしんしょうたん》——屈辱に耐え我慢した当時の日本人の思いがこの歌によく表れている。

そしてドイツ東洋艦隊を追ってインド洋上にあった山口多聞は「印度洋上敵艦を捜索しつつコロンボに向ふ途すがら」と付記してこんな思いを歌にしている。

　あだし船そもいづこいやひそむらむ
　　すめら御船の影を恐れて

次の歌にはドイツ東洋艦隊を発見したときの高揚する気持ちが込められている。

いざさらば手並比べむあだし船
　南印度の青海原よ

そして山口多聞が、インド洋で暴れまわったドイツ軽巡洋艦「エムデン」の追撃戦にも参加していたことが「再びエムデンを逸して空しくコロンボに皈《かえ》る途次　有明の月を眺めて」の歌でわかった。

「藻塩草」に収録された歌には日付が記されていないため、前後関係から推測するしかないのだが、おそらくこれは山口少尉が巡洋艦「筑摩」に乗って「エムデン」の行方を追っていた日英協同作戦の時のことだと思われる。

めざすあだうちほろぼして思う様
　眺めあかさむ有明の月

青海原さやかに照す月影も

心の雲に●●てぞ見ゆ　（読解できず）

独逸東洋艦隊遂に英艦隊の手に滅され
　空しく内地に引上ぐるとて

武士のとりはく剣一太刀も
　むくはでかへる今日の口惜しさ

どうしても「エムデン」を捕捉できなかったことが悔しくてたまらない心情が最後の歌によく表れている。海に浮かぶ月を見ながら4つの歌を詠んでいるが、悔しさで眠れなかったのだろうか。

とりわけ印象的だったのは、最後の歌の「武」がひときわ大きく力強いことである。おそらくそれは山口多聞の武人として決意や覚悟の表れのように思えてならない。

そして1915年（大正4）の正月も南太平洋にあった山口多聞は、こんな新春を迎えての気持ちを「大正四年正月元日を南太平洋上赤道直下に迎えて」と題して詠っている。

常夏の海で迎えし初日の出
　弥栄えゆく君が御代かな

後の名将・山口多聞は、日英同盟の最前線に立ってその重要性を痛感した一人だったのである。

地中海にもはせ参じた山口多聞

山口多聞中尉（大正7年12月に大尉に昇進）は、1918年（大正7）7月より第15駆逐隊の駆逐艦「樫」に着任した。遺稿「藻塩草」に収録された、地中海派遣に関する歌も紹介しておきたい。そこには地中海に向かうときの当時26歳の山口多聞中尉の心境が綴られている。

1918年（大正7）5月、第二特務艦隊司令部付を命ぜられマルタへ赴くときの心情は「地中海出征に当たりて覚悟を決める」の歌にその決意が表れていた。

武士の矢猛心の雄々しさは
　散るを求める花にぞありける

そして山口多聞中尉が地中海に向けて航行中に飛び込んできた戦艦「河内」の爆沈事故（1918年＝大正7年7月12日）について、「地中海赴任の途次、河内沈没の悲報を聞きて」と題しその心境をこう詠っている。

来るべき戦いの庭にあだ船を
　打ちなやまさむものなりしを

戦艦「河内」が火薬庫の爆発で沈没するという痛ましい報告に心を痛める無念が込められている。

そして第一次世界大戦終結後、ドイツ軍が保有していた140隻のUボートが戦利品として戦勝国に分配されることになり、山口多聞大尉は、1919年（大正8）1月にその潜水艦の回航員として、はるばる日本まで輸送する任務を命ぜられたのである。

そのときの心情が「旧独潜水艦に乗り組みて地中海を引揚ぐるに際し」に込められていた。

去年の夏目指し求めしあだ船に
今翻る日の大御旗

海の魔物と去年までも
人の恐れしその船に
日の大御旗ゆらゆらと
●く見るこそ嬉しけれ（読解できず）

若き山口多聞が「そのむかし受けし恨をつぎ〱に　報いゆくこそ嬉しかりけれ」という、三国干渉に対する積年の恨みを詠んでいたことは前に紹介した。これらの歌には、その恨みを果たした喜びがあふれている。

実は、ご子息の山口宗敏さんの手元には、山口多聞大尉（当時）から家族に送られたたいへん貴重な二葉の葉書がある。

一葉は、ご両親に宛てた年賀葉書で、「父上様　母上様　謹賀新年　一月一日　於地中海」の文字だけだが、まだ大尉昇任前の山口多聞中尉の顔写真付きのものであった。恐らくこの年賀はがきはマルタから送られたものであろう。軍事郵便として検閲済の赤いスタンプもうっすらと見える。

山口多聞大尉（当時）がご両親に宛てた年賀葉書（山口宗敏氏提供）

そしてもう一葉は、やはり本人から両親宛てに送られたものだった。

紀元ノ佳節ニ当リ
英国ポーツマス軍港
船渠内ニテ撮影セシモノ
日章旗ノ下、独軍艦旗ノ
力無ゲニナビクモアハレ
ナリ

御両親様ノ御健康を祈ル
多聞

この葉書には、「1919年2月27日」のスタンプがあり、山口多聞大尉が戦利品のドイツ潜水艦Uボートを受け取るためイギリスに出向いた時のものだ。裏には、ドイツ潜水艦Uボートの艦上に乗り込んだ山口多聞大尉と部下たちの写真が印刷されていた。皆の達成感に満ちた笑顔が実に印象的である。

山口多聞大尉は、イギリスからUボートをはるばる日本にまで運んだのであるから見事な操艦技術だったと言える。山口大尉以下全員は、ドイツ軍のUボートなど操艦したこともなく、現地で動かし方を教えてもらっただけで、地中海―インド洋―南シナ海―東シナ海を航行して無事持ち帰ったのだからあっぱれとしか言いようがない。

この「藻塩草」の発見によってはじめて地中海での戦いにおける父・山口多聞の思いを知った宗敏氏は、2003年（平成15）11月に、かつて父が船団護衛で戦ったマルタ島を訪れている。

宗敏氏はいう。

英国ポーツマス軍港でＵボートに乗り込んだ山口多聞大尉（当時、左から二番目、山口宗敏氏提供）

「感慨無量でした。父もこの風景を見ていたんだと思うと涙がでてきましたね。そしてマルタの第二特務艦隊の戦没者・殉職者が眠る墓地へ参拝したとき、当時の日本人は、よくぞこんなに遠いところまでやって来て戦ったんだなとあらためて感謝と尊敬の念が湧いてきました。今の日本人は、もっと歴史を学ぶべきだと思いますね」

世界で語り継がれる第二特務艦隊

日本では忘れ去られた第一次世界大戦、そして地中海における第二特務艦隊の活躍。

ところがヨーロッパでは、大戦下の第二特務艦隊の活躍を今も胸に刻む人々がいる。

まずはじめに、花巻市博物館の職員から

佐藤皐蔵提督の曾孫ご夫妻に送られた手紙に綴られたエピソードを紹介しよう。

２０１５年（平成27）11月5日、エボンと名乗るフランス人女性から、岩手県花巻市の博物館に収蔵されている佐藤皐蔵提督の資料を見たいとの申し入れがあった。実は、佐藤皐蔵少将が各国から授章した勲章や資料などが御遺族の意向によってこの博物館に寄贈されているのだ。

その日の11時頃に博物館にやってきた彼女は、博物館が所蔵している勲章の数々、金時計、「至誠一貫」の書、写真などを熱心に閲覧した。

事情を訊くと、実は、エボンさんの祖父は、第一次世界大戦中に地中海で第二特務艦隊の艦艇に助けられたという。彼女は、祖父の命の恩人である佐藤皐蔵提督のことを知るため、今は亡き祖父の写真を持って花巻にやってきたのだった。

エボンさんの祖父は23歳の時、乗っていたマルセイユ往きの船が敵の魚雷攻撃を受けて沈没し、小舟で漂流していたところを日本海軍の艦艇によって救助された。そしてこのとき同じく救助されたベトナム人と喧嘩になって剣を抜く騒ぎとなったとき、佐藤提督が仲裁してくれたということだった。

エボンさん曰く、「佐藤皐蔵提督に命を救われたことで祖父は多くの孫にも恵まれ、今の自分がいる。佐藤提督は日本ではあまり有名ではないようでたいへん残念だが、多くの日本人に知ってもらいたいと願っている」と。

フランスで学校の教員を務めるエボンさんは、祖父の命を救ってくれたお礼のためいつか日本に行きたいと考えていたので、今回、その念願が叶って嬉しいと博物館の職員に語ったという。彼女は、是非とも次回はご主人と一緒に再び花巻に来たいと話していたとのこと。

また、エボンさんは従弟たちにも見せたいとして多くの資料の写真を熱心に撮っていったのだった。

エボンさんが学校の授業で第一次世界大戦における佐藤皐蔵提督と日本海軍の活躍の歴史を子供達に語り継いでくれていると思うと熱いものが込み上げてくる。

今の自分があるのは、佐藤皐蔵提督と日本海軍第二特務艦隊のおかげ。そうした恩をいつまでも忘れずにいてくれるエボンさんの真心に心から敬意を表したい。

どうやら２０１４年（平成26）の第一次世界大戦開戦１００周年の時には、この博物館にイギリスからも佐藤提督に関する問い合わせがあったという。このことからも佐藤皐蔵提督はヨーロッパでよく知られた日本の軍人の一人であることがおわかりいただけよう。

そしてもう一つ、イギリス青年からの熱い呼びかけのエピソードを紹介しておきたい。

2019年（平成31）2月15日、イギリス南部ドーセット州ポートランド島の英国海軍墓地で、ある慰霊祭が執り行われた。

100年前の1919年2月15日にこの地で亡くなった旗艦「出雲」乗組員の原田淺吉2等兵曹のための慰霊祭だった。

戦争が終結し、第二特務艦隊がイギリスのポートランドに集結したとき、旗艦「出雲」に乗り組んでいた原田淺吉2等兵曹が、海に転落するという不慮の事故で亡くなった。その後、このポートランドの英国海軍墓地に原田兵曹の墓が建てられたのである。

今次の追悼式には、在英日本大使館の野間俊英防衛駐在官（海上自衛官）や日英両国の海軍関係者らが列席して挙行されたわけだが、実は地元の大学生の呼びかけがきっかけだったのだ。

このことを報じた産経ニュースによると、2018年9月、地元に住む22歳のイギリス人大学生ジェッド・グラント氏から鶴岡公二駐英大使に次のようなメールが届いた。

「『原田兵曹』が逝去して来年100周年だが、何らかのお供えをしたい。彼は忘れられていないことを日本の遺族に知らせて欲しい」

そこで野間防駐官が防衛研究所に問い合わせて事実を確認したのだという。

原田兵曹のご令孫・原田修二さんは「現地の方々がこれほどまで大切にしてくださることをありがたく思う」と語っている。

先の２０１９年2月15日の追悼式では、野間防駐官が「原田氏の墓碑を大事にしてくれたことに感謝したい」と挨拶し、発起人であるジェッド・グラント氏は「国のために戦った人は尊敬されて眠るべき」と答えている（「産経ニュース」２０１９年2月16日）。

この追悼式の模様は、イギリスの「Forces Net」でも写真入りで大きく取り上げられた。

その後、私の親友が、このジェッド・グラント氏をＳＮＳで探し出して感謝の意を伝えたところ、およそ次のようなメッセージが届いたのだという。

《原田兵曹の追悼式に関してのメッセージありがとうございます。先にお伝えしたように、私は、軍人として国のために戦い、また軍人として国のために働いた人達のことを忘れないことが全世代の義務だと強く信じています。

そして、先週金曜日の追悼式の実施ならびに原田兵曹についての調査を助けてくれた在ロンドンの日本大使館にも重ねて感謝申し上げます。

日本では多くの人が軍に対して関心が薄いと聞いてとても残念に思います。しかしそれは、ここイギリスにおいても同様なのです。私は日本の自衛隊を尊敬しています。なぜなら〝現代の軍隊は本土を守るためにどうあるべきか〟のある種の理想形だと思うからです。私は日英両国の軍が、両国と他国の平和のために強い絆で一緒に貢献できることを望んでいます。

いつか日本を訪れてみたいと思っています。日本は豊かな文化と親切な人々のとても美しい国です。（中略）願わくば、貴殿や他の日本の方々にも原田兵曹や他の兵士が眠るこの墓地を是非訪れてほしいと思っています》

まだ22歳の若いイギリス人大学生が、第二特務艦隊の殉職者にかくも深い敬意と尊敬を持ってくれていることに頭が下がる思いだった。

その後、私はジェッド・グラント氏に直接連絡をとり、彼との交信がはじまった。

本来ならば、グラント氏は、原田兵曹のご令孫に会うため日本にやってくる予定だったが、あいにくトルコを旅行中に新型コロナが感染拡大し、そのため出国ができずにトルコに留め置きされてしまったという。おまけに日本行きの計画もすべて棚上げになってしまったとのことだった。

そこで私は原田兵曹の写真と、亡くなったときの経緯などをメールで送り、来日時には、佐藤皐蔵中将のご令孫にも会ってみてはいかがだろうかと提案したところ、彼は大喜びだった。

第一次世界大戦において日本と共に戦ったイギリスそしてフランスの人々が、いまもこうして日本の戦いに感謝し敬意を持ち続けてくれているのである。

第4章 同盟をまっとうした日本

連合国指揮官の会議

第一次世界大戦の地中海に時間を戻す。

地中海における、日英仏伊海軍の対潜水艦作戦は、英仏で戦術が異なるように、各国がまちまちに実施しており、統制がとれていなかった。

そこでこの状況を改善すべく、1917年（大正6）4月末から5月初旬にかけてフランス首席指揮官が所在するコルフで連合国指揮官の会議が開かれた。佐藤皐蔵司令官は首席参謀の岸井孝一中佐と共にこれに参加した。

この会議は、1週間にわたって行われたが、大きく異なる各国の主張をまとめ上げることは到底不可能だった。

ある者は、「海峡等の巡邏《じゅんら》警戒に艦艇を割かずに全力を挙げて船舶護送にあたるべし」と主張し、またある者は、「船舶護送のごとく敵の来襲を待って攻撃を行う消極的手段は不徹底であるから、全力を挙げて敵の港口およびオトラント海峡（イタリア半島とギリシャのコルフ島の海峡）の封鎖警戒に当たるべし」と主張した。あるいは「船舶を護送する駆逐艦が足りないので、輸送船等をまとめて船団を組んで効率よく護衛すべき」という意見、はたまた「商船は艦隊を組織するには適さない」という反対意見が飛び出す始末であった。

まさしく議論百出で、意見の集約ができぬまま時間だけが過ぎていった。だが、ただ一つだけ意見の一致をみたのは、このような状況を改善すべく、各国の将官より成る委員会をマルタ島に置くことだった。

「マルタ委員会」である。委員長には、地中海の海上交通に最も関係の深いイギリスの高級将官を迎え、各国からは将官が委員として参加し、8月下旬から会議を開催することになったのである。

気になるのは、コルフ会議での模様だ。

佐藤少将は会議の空気を、イギリスとフランスは親密だが、イタリアは、疎外、軽蔑され、嫌悪されている傾向にあったと海軍兵学校の講演（昭和9年7月2日）で述べている。

その原因は、イタリアが自国の艦船を出し渋って温存し、今次の協同作戦には不熱心だとみられていたからだ。なるほどイタリアのお膝元であるオトラント海峡の警戒監視をイギリス海軍がやっていたのだから、イギリスから不満も出よう。

まさにこれは現代の日米同盟における、日本に対するアメリカの不満に似ていると感じるのは決して私だけではないだろう。

そしてこの物別れに終わったコルフ会議の後、イギリスと日本だけの会談が行われたのだった。

実は、イギリスの首席委員として出席したサースビー海軍中将が佐藤少将と岸井中佐の二人だけを誘って晩餐会を催したのだ。

日英秘密会談

このときサースビー中将は佐藤少将に、フランス海軍とイタリア海軍には、荒れた海を航行できる凌波性《りょうはせい》に優れた駆逐艦が少なく、両海軍の潜水艦戦への貢献が少ないことへの不満を打ち明けた。さらにサースビー中将は、「Men too」（メン・ツー）と発し、「それを補うのはイギリス海軍と日本海軍にほかならないのであるから、お互いにしっかりやろうじゃないか」と語った。これに対して佐藤少将は、「それは同意見である」と応えたのだった。

そしてサースビー中将が、「日本海軍の人々は地中海に出征して来たことを満足しているか」と佐藤少将に問うてきたので、佐藤少将は、「大いに喜んでいる。彼らは内地における同僚の羨望の的になっている」と応えた。

するとまたサースビー中将は、「日本海軍はさらに駆逐艦を増派することはできないだろうか、もしそれができないのであれば、イギリス海軍が駆逐艦を提供するので日本海軍はその乗員を提供してもらえないだろうか」と提案してきたのだった。

これを聞いて佐藤少将は、日本にはこの作戦に資する適当な駆逐艦があまりないと応え、乗員の派遣についても自分には応えられないと返した。

ところがこの日英会談の3カ月後、イギリスから日本に対して、日本海軍の乗員をもってイギリス海軍の駆逐艦32隻を地中海東部で運用してもらいたいと申し入れてきたという。

結局のところ、第二特務艦隊がマルタに到着したとき、イギリスから、英海軍の駆逐艦2隻と特務船2隻を、日本海軍の乗員で運用してもらいたいとの申し入れがあり、本国の了解のもとに第二特務艦隊の指揮下に編入することになったのである。

こうして特務艦2隻は、艦隊が到着した2カ月後の6月から、そして駆逐艦は9月から第二特務艦隊の所属艦として戦列に加わった。

2隻の英特務艦は、「東京」「西京」となって艦隊に編入された。そして英駆逐艦「ミンストレル」は「栴檀《せんだん》」と名を変え、10月になってから英駆逐艦「ネメシス」が「橄欖《かんらん》」と名を変えて、艦尾に旭日旗を掲げて第11駆逐隊に編入されたのだった。

いかにイギリス海軍が日本海軍の能力を高く評価していたかがわかるエピソードである。

こうしたイギリス海軍が日本海軍に抱いた絶大な信頼と期待は、その12年前に世界中を驚かせた日本海海戦における大勝利によるところであったに違いない。それに、連合艦隊旗艦「三笠」をはじめ、後に「明石」に代わってこの地中海に旗艦として派遣された「出雲」など、日本海軍艦艇の主力艦の多くがイギリス製だったことを考えれば頷けよう。

イギリス軍兵士、三千人の感謝

マルタで初めての対潜兵器を搭載し、その運用方法を習得した第二特務艦隊は、命令受領後直ちに出動できる応急出動艦を指名して緊急待機態勢を敷いた。

最初の応急出動艦は「松」と「榊」だった。

１９１７年（大正６）４月15日、「松」と「榊」に出動命令が下る。

陸兵３３００名を乗せたイギリスの輸送船「カメロニア号」が英駆逐艦「ライフルマン」と「ソルドレーキ」の護衛を受けて、南仏のマルセイユからエジプトのポートサイドへ向かう途中に敵潜水艦の雷撃を受け沈没しつつありとの報を受け、両艦はその救助に向かったのである。

このときの艦隊戦闘詳報には次のように記されている。

《…ドイツ潜水艦の雷撃を受けて沈没しつつありとの緊急警報に接し、在マルタ英海軍司令部は、直ちに駆逐艦「ミストレル」および「レネード」を救難に出動せしむると共に、わが艦隊に共助を求めてきたので、佐藤司令官は応急出動艦の「松」「榊」を現場へ急行させ、救助に従事せしめたり》（紀脩一郎著『日本海軍地中海遠征記』原書房）

ところが、「松」と「榊」が現場に急行したものの、時すでに遅く、攻撃を受けた「カメロニア号」の姿はなかった。

このときの様子を、「松」に乗り組んだ士官の一人はこう話している。

《早暁遭難現場に到着したところ、「カメロニア」号の姿はなく、英駆逐艦の影さえ見当らなかったので、全く狐にツママレた気がした。それでも両艦は、浮遊物の漂っている海面を、数時間捜索したのち、帰路につき、マルタ島へ向け進路を取った》（同前）

こうして最初の任務では救助活動もできなかったのだが、「松」と「榊」の乗員には地中海の戦場の緊張感がひしと伝わったことだろう。

ここに大日本帝国海軍第二特務艦隊の地中海に於ける戦いの火ぶたが切られた。

4月19日、今度は「杉」と「柏」が、クレタ島のスダからマルタにやってくるイギリス病院船「バルデビア」の護衛のためクレタ島に向かった。

第二特務艦隊の護衛ルートは、マルタ島を拠点に、南フランス、ギリシャ、イタリア、クレタ島、セルビア、ボスニア、エジプト、チュニジアなどのおよそ50港を結ぶ広範囲の航路であり、艦隊の護衛任務は多忙を極めた。

そして迎えた4月24日、第二特務艦隊に、イギリスの大型輸送船「トランシルバニア号」（約1万4300トン、全長167メートル）の護衛任務が下令された。

2日後の4月26日、駆逐艦「松」と「榊」は、「トランシルバニア号」を護衛して南フランスのマルセイユ目指して出航した。この任務は、マルセイユで「トランシルバニア号」に、陸兵およそ3000名、看護婦66名を乗せて、エジプトのアレキサンドリアに届けるためだった。復路については、イタリア南端のメッシーナ海峡でイギリス駆逐艦「ネメシス」「ライフルマン」に護衛任務を引き継ぐことになっていた。

翌日には、「松」と「榊」はメッシーナ海峡を通過し、イタリア半島を右手に見ながら北上して4月29日にマルセイユに到着した。

ここで、「松」と「榊」の乗員は、マルセイユに上陸して英気を養いながら兵員と武器・弾薬が「トランシルバニア号」に積みこまれるのを待った。そして積載を終えるや再び同船を護衛してマルセイユを出港したのである。5月3日であった。

このときの様子について、駆逐艦「松」の艦上から眺めた片岡覚太郎中尉はこう記している。

《午後四時半繫留《けいりゅう》を離して、一足先きに出港、真紅の日章旗を翻《ひるがえ》して出て行く時、「トランシルヴァニア」の上甲板から三千の陸兵は手巾《ハンカチ》を振り、帽を振り、口笛を吹き、盛に出港に勢を添える。山のような船体の中央に聳《そび》えて見える二本の煙突からは、黒い煙を吐いている、勢のよい出港の光景である》（片岡覚太郎著『日本海軍地中海遠征記』河出書房新社）

イギリス軍兵士らは、自分達を護ってくれる日本の駆逐艦「松」と「榊」に、声を限りに感謝の気持ちを表したのだ。「ブラボー・ジャパン！」という唱和する声が両艦に届く。イギリス兵たちにとって、雄々しく翻る日章旗と旭日旗はさぞや神々しく映ったことだろう。

犬まで救助した日本海軍の偉業

だがその翌日の5月4日午前10時20分、イタリアのサボナ沖で「トランシルバニア号」を悲劇が襲った。

ドイツ軍の潜水艦「U63」の放った魚雷が船の左舷後方に命中したのだ。「U63」は、護衛の「松」と「榊」の対潜警戒網を掻い潜って忍び寄り、「トランシルバニア号」を狙い撃ちしたのである。

轟音と共に「トランシルバニア号」の左舷後方に水柱が上がった。

これを見た「松」と「榊」は、悲鳴を上げる「トランシルバニア号」のもとに駆けつけ、ただちに救助活動を開始した。

「榊」は、近くに潜んでいるであろう敵潜水艦を索敵し、「松」は雷撃された「トランシルバニア号」に横付けして乗員の救助にあたったのである。

「トランシルバニア号」に乗船していた兵士達は左舷船尾に横付けした「松」の甲板に移乗してきたが、ロープを伝って乗り込んでくる者や、「トランシルバニア号」の高い甲板から低い「松」の甲板に飛び降りて骨折する者もいたという。

「松」の乗組員は、次々と彼らを収容し、負傷者には応急手当を行なった。

ちょうどそのとき、敵潜水艦を探しながら周囲を警戒していた「榊」が、白い航跡を曳きながら向かってくる魚雷を発見した。この魚雷は、「トランシルバニア号」の左舷中央部に命中し大音響と共に再び大きな水柱が上がった。「松」の艦首から10メートル前方だった。

当時、駆逐艦「松」の後甲板で、救助したイギリス兵達を落ち着かせていた片岡覚太郎中尉は、そのときの様子をこう綴っている。

《中《あた》るなら中《あた》らねばならぬ時なのにと、眼をあげる途端に、艦首に方《むか》って轟然《ごうぜん》たる爆音を聞くと同時に、震動を感じなかった我艦の、無事ということが電《いなずま》のように頭の中に閃《ひらめ》く。それと共に冷静に帰った第三者の心で、壊れた板片《いたぎれ》が木の葉のように吹き上げられているのを眺める。吹き飛ばされた人間が、前檣《マスト》の高さ位にとび上って、手足を拡げたところが、海盤草《ひとで》のように小さく見える。運送船に横附している我艦を見て芋刺《いもざし》にしてやろうと、浅深度に調整して吾を狙った敵の魚雷も、天なるかな、艦首を距ること僅《わずか》に十米の前方を通って、運送船の左舷中部に命中したのである。ちょうどその時運悪《わる》くも、四十人あまりを載せた端舟《ボート》が、その上に下《お》りかかって、今にも著水《ママ》しようとしていた時だったから、たまらない。猛烈な爆発の余勢に、膨《ふく》らました石鹼玉《シャボンだま》が破裂したように、端舟《ボート》も人も、アッという間もなく、跳《は》ね飛んで影も形もない。海盤草《ひとで》のような形をした跳ね飛ばされた屍体は、松の前甲板に二つ降って来た》（片岡著『日本海軍地中海遠征記』）

魚雷命中の瞬間の生々しい光景である。

もちろんこの魚雷攻撃で、「松」も無傷ではいられなかった。艦首部の一区画に浸水し、探照灯台にいた見張員と前部甲板の砲員2人が負傷した。

　壮絶な救助活動の末に800名を超える乗員を救助した「松」は、すみやかに「トランシルバニア号」を離れて、そのまま敵潜水艦に対する制圧行動に移った。そして「松」は、800余名のイギリス兵を乗せたまま、今度は「トランシルバニア号」に横付けして救助活動を行う「榊」を援護すべく敵潜水艦に対する攻撃を開始したのである。

「トランシルバニア号」に横付けした「榊」は、手際良く救助活動を行い、わずか5分間に千余名を収容した。「榊」の乗員はおよそ90名であるから、その11倍以上のイギリス兵を甲板に乗せたことになる。全長約83メートルの小さな駆逐艦が黒山となったのだ。

　そして、もはやこれ以上の収容ができないと判断した「榊」は、海面に漂う要救助者を「松」に任せて、イタリアのサボナ港に急行した。そして千余名の救助者を港に降ろした「榊」は再び「トランシルバニア号」の生存者救助のため現場に引き返したのである。

　その間、「松」は、救助したイギリス兵を乗せたまま、来援したイタリア海軍の駆逐艦2隻とパトロール船2隻と協同して、「トランシルバニア号」の周辺で洋上に漂う兵士らの救助に努めたのだった。

　こうして「松」と「榊」は、イタリア海軍と協同し、「トランシルバニア号」の乗員

大正6年5月4日、イタリアのサボナ沖に於いて英「トランシルバニア号」が沈没した際、駆逐艦「榊」が陸兵約千名を救助。サボナに入港する光景（出典：『第二特務艦隊記念寫眞帖』）

3266人（陸兵2964人、看護婦66人、船員236人）の内、約3000人を救助したのである。おまけに「松」は2匹の犬も救助した。かのごとき状況下でも、犬の命をも救う日本軍人を見たイギリス兵らは、その慈悲深き行動にさぞや驚いたことだろう。

午前11時半ごろ、「トランシルバニア号」はついに力尽きて沈没した。

だが、敵の攻撃にさらされて沈みゆく艦船から、その乗員のほとんどを救助したという海難救助は他に例がなく、この日本海軍による偉業は世界海事史上に燦然と輝く一大事だったのである。

騎士道精神と武士道精神

美談は、日本軍人だけのものだけではなかった。

「松」の片岡覚太郎中尉が目の当たりにした出来事を紹介したい。

「松」の艦尾から20メートルほどの海面に、小さな筏《いかだ》にとりついて浮かぶ瀕死状態のイギリス軍海軍士官が発見された。

すると、寒さに震えながら後甲板に立っていたイギリス海軍の一等水兵が突如海に飛び込んでその士官めがけて泳ぎだしたのである。その姿を見た後部甲板の他のイギリス兵達は喝采と声援を送った。彼は、大きな波にもまれ、流されながらも片手に瀕死の海軍少尉を抱きかかえて「松」の舷側まで泳ぎ着いたのだった。そして二人を救い上げた時、艦上でさらに大きな喝采が起こり、皆この勇敢なる水兵の義侠を嘆称したのである。

見事な騎士道精神だった。

その光景を見た片岡中尉はこう述べている。

《偽善と破廉恥とで固められた世の中に、赤心から出た善事の行わるるのを、まのあたり見る程、愉快なことはない。殊にその善行が献身《セルフサクリファイス》という美しい心から出たのを見た時、涙脆《もろ》い後部哨戒長の眼は湿《うる》んだ。しかも聊《いささ》かもその善行を誇るような風もなく、ただ自分の義務《デユテイ》を果した迄だと、側《はた》の賞讃を迷惑そうに聞き流している謙譲の態度を見た時、感激に満ちた後部哨戒長は悚然《しようぜん》として襟《えり》を正した》（片岡著『日本海軍地中海遠征記』）

なんと感動的なエピソードであろう。

そしてこの素晴らしいイギリス軍人の騎士道精神を見せつけられた日本軍人は、今度は武士道精神で彼らを保護したのだった。これまた、「松」と「榊」の乗員によるイギリス軍兵士らに対する手厚い看護が世界の人々に大きな感動を与えたのである。

片岡中尉はそんな救護活動の様子をこう綴っている。

《やっとの事で死人同然の溺者を引揚げては、治療室に運んで、それぞれ手当をする、乾麵麭《ビスケット》を喰《た》べさせる、缶詰を開いてやる。衛生酒を飲ませる、寒さに慄《ふる》えてる者には、兵員が自分の着物を脱いで着せてやる、毛布を出して着せる。頭から海水を浴びた看護婦《ナース》の一隊――最初に見た婦人は看護婦であった――は准士官室に入れて、毛布をやったり葡萄酒を飲ませたりした》（同前）

大日本帝国海軍軍人は、自らの危険を顧みず、犠牲的精神をもって沈没寸前の輸送船から多くの乗員を救助し、あるいは敵潜水艦が潜む危険な海域を捜しまわって洋上の溺者を救い上げた。そして手持ちの食糧や衣料を差し出して救助者を手厚く看護したのであった。

イギリスの議場で「バンザイ」

救助を終えた「松」と「榊」は、イタリアのサボナ港に救助者を送り届け、乗員らが休息のために上陸するや、彼らは地元の人々から「英雄」として大歓迎を受けたのだった。

その見事な救助活動の噂がすでにサボナの港町に広まっていたのだ。

そして5月6日、「松」と「榊」がサボナからマルタに向けて出港しようとしたとき、あの時両艦に救助されたイギリス軍兵士に加えサボナの市民もが港に詰めかけ、軍艦旗をなびかせて威風堂々と出港してゆく二隻にあらん限りの感謝の言葉を投じ、大きく手を振って別れを惜しんだのだった。

片岡中尉はその感動の様子をこう記している。

《港口の鎖《し》まらぬ前にと、六時半に水先案内人《パイロット》が来る。七時に榊がまず出て、松も次いで出港、海岸には救助された英國の陸兵が黒山のように集って別を惜しむ。陸の方を見ると、海岸の通、山際《やまぎわ》の高い道、二階、三階の窓、縁側《ヴェランダ》、悉《ことごと》く人をもって満たされ、帽を振り、手巾《ハンケチ》を振り、心なき子供まで手を挙げて出港に景気を添える》（片岡著『日本海軍地中海遠征記』）

サボナの海岸通り、山手の道、建物のあらゆる窓・ベランダが別れを惜しむ人々でいっぱいになった。そして人々は、手や帽子、そしてハンカチを振って両艦を見送った。とりわけ大人達にまじって子供達までもが力いっぱい手を振ってくれた光景を見た乗組員らはさぞや感動して胸を震わせたことであろう。

今次の「トランシルバニア号」救難の一件は、大ニュースとしてたちまち英国内を駆け巡り、大日本帝国海軍のその名は再び世界中に轟いたのである。

かつて世界最強のロシア・バルチック艦隊を撃ち破って世界中を驚かせた日本海軍が、今度は地中海での献身的な救助活動によって世界の人々に再び感動を与えたのだった。

マルタの第二特務艦隊の司令部には多数の感謝の電報が届いた。

在ロンドン日本大使館付武官・船越揖四郎海軍少将から、佐藤皐蔵少将当ての電報は次の通り。

《運送船トランシルバニア号遭難ノ際、松、榊ハ頗ル勇敢ニ行動シ、カツ生存者ノ大部分ハ両艦ニヨリテ救助セラレタル由、「サヴオナ」英国総領事ノ報告ニ接シ、英国海軍大臣ハ、取敢ヘズ英国海軍及ビ英国海軍省ノ名ヲ以テ、右両艦ノ勇敢ナル行為ト作業トニ、深キ謝意ヲ表スルコトヲ貴官ニ伝致アリタキ旨、英国海軍次官ヨリ申越セリ、右伝達ス》

（紀著『日本海軍地中海遠征記』）

駆逐艦「松」「榊」乗員の忠恕と献身的救助活動は、同盟国イギリスを感動せしめ、なによりこのことが同盟国日本への信頼を高めたことはいうまでもない。

この地中海における日本海軍の武勇とその偉業に英国内は沸き立ち、当時海軍大臣だったウインストン・チャーチル（後の首相）からマルタの特務艦隊司令部に電報が届けられた。

〝英国海軍及び英国海軍省の名をもって、両艦の勇敢なる行為と作業とに、深き謝意を表する〟

さらに、イギリス国王ジョージ5世はその人命救助の功績をたたえ、第11駆逐隊司令の横地錠二中佐ほか駆逐艦「松」「榊」の士官7人、下士官20人に大英帝国の勲章を授与したのである。

国王陛下は、勲位勲章伝達のためバラード海軍少将をマルタ島の第二特務艦隊司令部に遣わされ、旗艦「明石」艦上にて27名の叙勲が行われた。

そして、封鎖大臣ロバート・セシル卿が地中海に派遣された日本海軍の偉業と功績をイギリス下院で報告するや、議場は歓呼と拍手に包まれ、期せずして一人の議員が日本語で「バンザイ」を叫ぶや全員が唱和したのである。

日本人として誇らしいことこの上ない。
あのロンドンの国会議事堂で、「バンザイ」が唱和されたのだ。

敵と友軍をたたえた佐藤少将

戦後、佐藤皐蔵少将は、この「トランシルバニア号」救援から学んだことについてこう述べている。

《この一戦によりて吾人の知り得たる特色の第一としては、ドイツ潜水艦の勇敢なる行動であります。彼は第一の雷撃の成功に満足せず、「榊」が極力索敵する間隙を潜って、さらに第二の雷撃を行い、ついにとどめを刺した沈勇なる処置でありまして、敵ながら感心せざるを得ないのであります。

第二には、危難に面せる英国人の沈着なる態度であります。雷撃を受けるや先ず看護婦なる婦人を避難せしめ、それから秩序正しく短艇に乗り込む者は乗り込み、駆逐艦に移る者は乗り移り、その間、狼狽の跡はほとんど認められなかったそうであります。しかも軍隊を出し了《おわ》りたる後、船員は最後に避難し、少数あった溺死者の大部分は船員であり、船長は最後まで残って指揮しておったそうでありますが、遂に殉職したのでありました。危険突差《とっさ》の間に於いても英国人は心の存在を失わず、よくその「デューチー」（＝DUTY＝責務）を尽くす有り様は実に感服に外ありません。

第三は、イタリア駆逐艦の機敏なる行動であります。「トランシルバニア」の遭難からイタリア駆逐艦数隻が駆け付けるまでの時間を勘定すると、彼らはほとんど少しの猶予もなく、非常に敏速に出港したことが判るのであります。それを見ても戦争始まって以来ほとんど三年にもなるのに彼らは倦怠しておらなかったことが察せられるのであります》

（講演録）

読者もお気づきのように、佐藤提督は、「我々はいかに勇敢に戦ったか」といった自らの武勲を一切ひけらかすことなく、むしろ敵であるドイツ潜水艦の武勇を称え、さらに自らが救助したイギリス人の立派な振る舞いを称賛している。しかも手柄を独り占めすることなく、後から駆け付けてくれた盟友イタリアの支援に対する謝意を忘れていない。

自らの武功は語らず、むしろ敵の武勇を称え、味方の振る舞いと尽力に学ぶべきを見出して最大の賛辞と感謝を送る。これこそが大日本帝国軍人の姿勢であり、佐藤皐蔵中将の人となりなのだ。

それでも触れないわけにはいかない英国王陛下からの表彰と叙勲については、遠慮がちにこう付け加えている。

《私どもとしては自分の護衛の下にあった船が撃沈せられたことに対し、はなはだ相すまざる感をしておりましたが、反って英国の官憲から我が駆逐艦の勇敢機敏なる行動により多数の人命を救助し得たりとて、非常なる賞讃と感謝を表せられ、しかもこの事件に関係したる駆逐隊の士官及兵員二十名に対し英国皇帝から叙勲せられましたので、なんとなくくすぐったいような感じをしましたが……》（同前）

軍人として、任務をまっとうすることは当然の責務であり、むしろその任務中に被害が出たことに対して詫びる気持ちが優先している。

この佐藤提督の姿勢に、背筋が伸びる思いがするのは、決して私だけではないだろう。

武勲艦「榊」を襲った悲劇

1917年（大正6）5月8日、世紀の救援劇をやってのけた「松」と「榊」がマルタのグランド・ハーバーに凱旋帰還した。だが第二特務艦隊に休みはなかった。

両艦の帰港と同時に「楓」と「桂」がイギリス輸送船「メノミネ」を護衛してエジプトのアレキサンドリアから帰港。その前には「杉」と「柏」がイギリス船「ミネトンカ」を護衛して南仏のマルセイユへ出航していった。そして翌日の9日には、今度は「梅」と「楠」が、前日の護送されてきた「メノミネ」を護衛してマルセイユへ向かったのである。

第二特務艦隊は多忙を極めた。

ちょうどそんなときに第二特務艦隊で最初の殉職者が出た。

5月22日、「楠」が特務船を護衛してシチリア島シラクサに向かっていたとき、哨戒任務に就いていた佐野茂七郎二等兵曹が波にさらわれてしまったのだ。ただちに懸命の捜索活動が行われたが、ついに佐野兵曹を発見することができなかった。

このように、活動中に地中海の波浪にさらわれる不慮の事故をはじめ、ケガや病気で殉職した将兵は、任務完了までに19人に上ったのである。

「トランシルバニア号」救援から25日後の1917年（大正6）5月29日、武勲艦「松」「榊」に、今度はイギリス病院船「グールカ」と商船「モルタ」（マルタ）を、マルタ島からクレタ島へ護衛する任務が与えられた。

6月1日、「松」と「榊」は、この2隻を無事にクレタ島へ送り届けたのだが、今度は、当地のイギリス軍先任将校から、引き続き病院船「グールカ」を、ギリシャのサロニカまで護衛してほしいとの要請があった。

この新たな護衛要請を受けた両艦は、6月4日に出港し、翌々日の6日にサロニカへ到着した。そして任務を完了した両艦はマルタへ帰還の途に就く。途中、11日早朝にフランス海軍管轄のミロス島で日仏海軍交流行事を行った後、ギリシャのペロポネソス半島とクレタ島の間のアンチキセラ海峡の方へ向かった。この海峡を抜けて西に進めばマルタだ。

午後1時32分、両艦は600mの間隔を空け、敵潜水艦の魚雷攻撃を回避するためジグザク航行をしてセリゴ水道にさしかかったとき、「榊」の見張員が敵潜水艦を発見した。ただちに前甲板の主砲で攻撃しようとしたが時すでに遅しであった。

敵潜水艦の放った一発の魚雷が「榊」の左舷艦橋下に命中し、前部火薬庫が大爆発を起こして艦橋から前部艦体が吹き飛ばされてしまったのだ。敵潜水艦は、「榊」の左舷約180mから魚雷を発射したので回避する暇もなかったのである。

この攻撃で、艦橋にいた艦長の上原太一少佐、機関長の竹垣純信少佐のほか、准士官2名、下士官28名、水兵ら27名の合計59名が戦死し、重軽傷者は16名に上った。

僚艦「松」の艦橋の見張員によると、「榊」の前部砲塔が急に旋転したのを見て何か訓練でもやるのかと思ったら砲弾が飛び出し、そのとき「榊」に爆発が起こったとのことだった。

しかしこのような大きな被害を受けてもなお、武勲艦「榊」の将兵は敢闘精神を失わなかった。

この時の艦内の様子については前出の『日本海軍地中海遠征記』（紀脩一郎著）に詳しいので同書より紹介したい。

艦内に海水が流れ込み、30名近くの死傷者を出した機械室や罐室では、乗員たちが互いに激励し合って持ち場を離れることなく頑張ったため、「榊」はなんとか航行することができた。

最も被害の大きかったのが艦橋部分であり、上原太一艦長は大爆発とともに海に吹き飛ばされてしまった。艦橋当直の庄司弥一大尉は、艦の後方に飛ばされてもなお気丈に敵潜水艦の所在を問うていたという。

吉田大尉は、動ける者を集め、まだ可動状態にあった後部甲板の砲で砲撃を行ない、敵潜水艦からの第二撃を牽制した。

また軍医の有賀中尉も動ける兵員に呼び掛けて負傷者の収容と手当てを行なった。その時、負傷者らは、ひと言も苦痛を訴えなかったという。むしろ彼らは、「敵はどうした！」「撃沈したか！」と、自らが受けた傷よりも敵情を気にかけ、「これくらいの負傷でへこた

6月11日戦闘当時の駆逐艦「榊」の士官以上。上原太一艦長、竹垣純信機関長が戦死した（出典：『第二特務艦隊記念寫眞帖』）

れては佐鎮（佐世保鎮守府）男児の恥だぞ！　しっかりしろ！」と励まし合っていたといい、その様子を見た有賀軍医中尉と看護兵は涙を催さずにはいられなかったという。

イギリス海軍の友情

「榊」の被雷を目の当たりにした僚艦「松」の片岡中尉は、惨状を次のように表現している。

《いたましい榊の姿が眼に入った時、ああ悲惨、無慙《むざん》、これが、今の今迄、事もなく相並んで来た僚艦と思われようか。艦の前半を砕かれて、勇ましかった影もなく、煙に包まれて停止している姿。僕は到底これを正視するに堪えられない。そして電光の如く、閃いた錯綜混乱したその刹那の感想は、到底一本の筆では、現わし尽されない。残念である、相手の敵が憎らしい。唇も破れる程に、噛みしめた歯も、髪が逆立つ程に怒に燃えた眼も、皮膚が破れて骨が突き出るほどに、握り詰めた拳も、今は砕かれた榊を原《もと》の形に取りかえす由もない。イヤ榊を原《もと》の形に取りかえすことは、時間と人の手さえ仮せば、出来得ることであるが、失われたる忠勇なる戦友を奈何《いかん》せん。人の力も、神の力も、斃《たお》れた人を、再びこの世に呼び還す術はあるまい》（片岡著『日本海軍地中海遠征記』）

「松」は、大破した「榊」の周りを旋回しながら敵潜水艦による「榊」への再攻撃を警戒した。午後1時40分、「松」は敵潜水艦の航跡らしきものを発見、爆雷を投下して敵潜水艦を威嚇し続けたのだった。

午後2時50分、イギリス駆逐艦「リップル」が救援に駆けつけてきてくれた。すると「リップル」は、近くに潜んでいるかもしれない敵潜水艦の脅威をものともせず、直ちに救助のために短艇を下して「榊」から負傷者を次々と収容し、艦首部を破壊された「榊」を曳航《えいこう》しはじめたのである。

この英艦「リップル」の見事な救助活動の様子を見た日本軍将兵は驚嘆したという。

まさに「リップル」の献身的救援活動は、「トランシルバニア号」救援を彷彿させるも

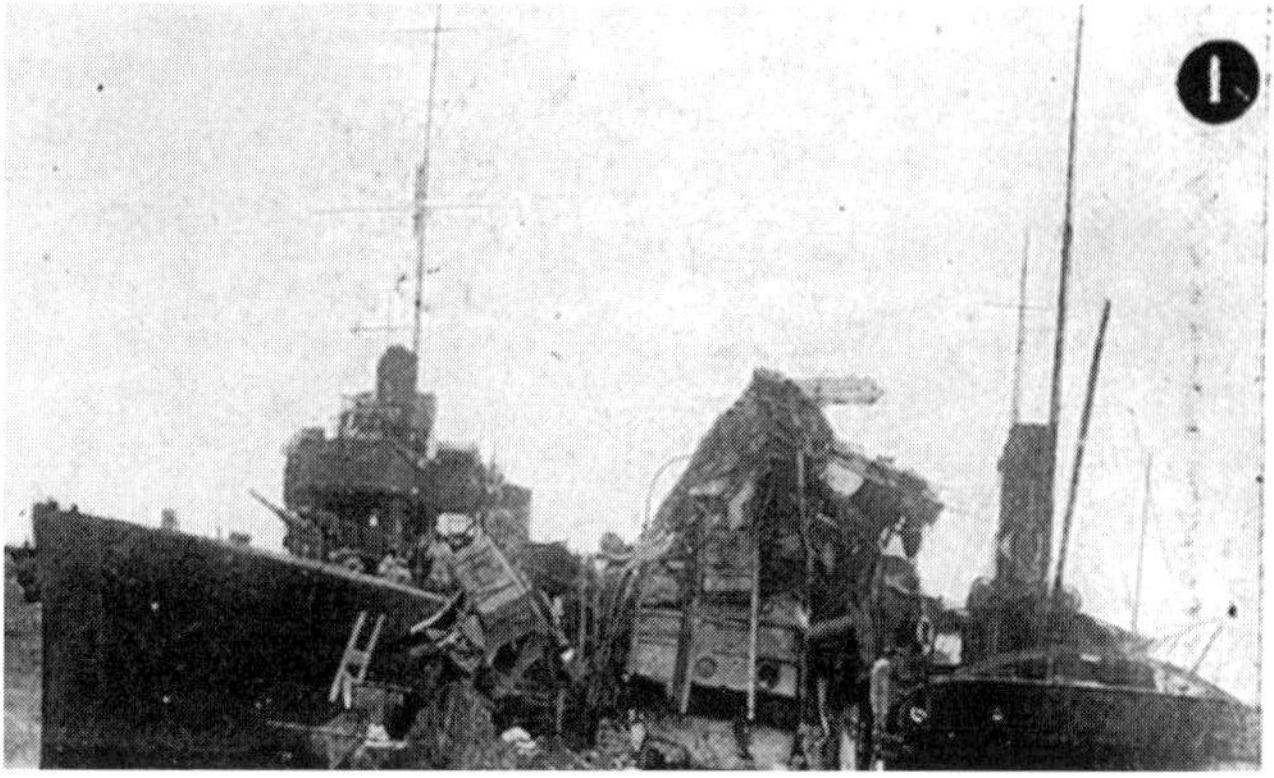

敵魚雷のため破損した駆逐艦「榊」の前部。Hと記されているのは駆逐艦「松」（出典：『第二特務艦隊記念寫眞帖』）

のがあり、「榊」への恩返しのようにも思えてくる。

その後、イギリス駆逐艦「ゼット」、フランス水雷艇「アーチェー」が来援し、さらにイギリス駆逐艦「パートリッジ2世」と掃海艇「ガゼル」が駆けつけて、ひどく傷ついた「榊」をクレタ島のスダ港に護送してくれたのだった。

佐藤皐蔵提督は、この時のことをこう述べている。

《「リップル」は敵が付近にいるのに頓着することなく、最も機敏に直ちに曳航事業に取りかかった。その鮮やかな手際と勇敢については実に驚歎のほかなかったのであります。その他、急を聞いて駆けつけた英仏両国の艦船数隻ありましたが、その動作の敏速なりしには感心させられました。とにかく戦争が長きにわたりたるにかかわらず、各国の軍人は倦怠の色を示さず、皆緊張したる気分をもって任務に服しつつあったことが了解されると思います》（講演録）

第二特務艦隊は傷つきながらも、また多くを学んだのである。

イギリス海軍の友情と厚情はそれだけではなかった。

片岡中尉によると、スダに入港後、イギリス海軍先任指揮官のマクローリー大佐は、夜中にもかかわらず「松」を訪問して深厚なる弔意を述べると共に、戦死者の火葬場所や遺骨を納める箱の準備などの要請をすべて快く引き受けてくれたのであった。

そしてこのとき、第11駆逐隊司令の横地錠二中佐は、いち早く救援に駆け付けてくれた駆逐艦「リップル」の艦長宛ての手紙をマクローリー大佐に託した。もちろんそれは救援活動に対する感謝の意を伝えるためであった。

その後、「リップル」艦長から横地司令のもとに返信が届いた。

そこには感動の事実が記されていたのである。

"In all my life, I've never seen or heard of such a fine display of courage as her wounded showed. They were simply, splendid—never a sigh or a groan the whole time."

要約すれば、「私の生涯を通じ、『榊』の負傷者が見せた素晴らしい勇気をこれまで見たことも聞いたこともなかった。彼らは実に立派であった。彼らは終始、傷の痛みを訴えたり苦しんで呻いたりすることは一切なかった」と書かれていたのだ。

深い傷を負っても痛みや苦しみに耐え続けた我慢強い「榊」乗組員の姿勢が、日本軍人への敬意と称賛を生み、そして日英同盟に対する信頼をより一層高めていったのである。

増派決定

多忙を極める第二特務艦隊の任務と駆逐艦「榊」の被害に鑑み、日本海軍は第二特務艦隊の増強を決意し、艦隊旗艦「明石」をより強力な装甲巡洋艦「出雲」に交代させ、新たに第15駆逐隊「檜」「樫」「柳」「桃」を投入することを決定した。

海軍大臣・加藤友三郎大将は、1917年（大正6）6月1日に新鋭艦4隻で編成された第15駆逐隊（司令官・河合退蔵大佐）に地中海派遣準備を命じ、同20日に在シンガポールの装甲巡洋艦「出雲」を第二特務艦隊に編入した。

6月25日に佐世保を出港した第15駆逐隊は、シンガポールで「出雲」と合流し、一路地中海を目指したのである。

ちょうどそのころマルタでは、イギリス海軍からの申し入れによって、2隻のトロール船が第二特務艦隊に編入され、第二特務艦隊からの志願者（3カ月交代）によって運用が始まっていた。2隻は、「東京」「西京」と命名され、低速船舶の護衛と遭難した船舶の救助を担うことになった。そして被害を受けた「榊」は、ギリシャのピレウス港の造船所で修理が行われていた。

さて新しく第二特務艦隊に編入された装甲巡洋艦「出雲」と駆逐艦「桃」型は、いずれも防護巡洋艦「明石」と「樺」型駆逐艦よりも強力で、再度ごく簡単にその性能比較をしておこう。

　マルタで活動中の防護巡洋艦「明石」の排水量は２８００トン、全長約90メートルで、乗員約３１０名、兵装は６インチ砲２門、４・７インチ砲６門、小口径砲12門、魚雷発射管４門の国産艦。この「明石」に代わって第二特務艦隊の旗艦となる装甲巡洋艦「出雲」は、その排水量が９９０６トンで「明石」のおよそ３・５倍の大きさがあり、全長は約１２２ｍで「明石」より30メートル長い。乗員は約６７０名で「明石」の２倍の乗組員が乗り組んでいた。兵装は、８インチ連装砲塔２基（４門）、６インチ砲14門、小口径砲12門、魚雷発射管４門などで、「明石」とは比較にならないほど強力なイギリス製の軍艦だった。

　そして、地中海で大活躍していた８隻の「樺」型駆逐艦の基準排水量は５９５トンで、新たに投入される４隻の「桃」型駆逐艦は７５５トンであるから、やはりこちらも大きい。速力も、「樺」型が30ノットに対して「桃」型は31・５ノットとスピードが出る。そして「樺」型の兵装は、12センチ砲１門、８センチ砲４門、魚雷発射管２基４門に対して、「桃」型は、12センチ砲３門、３連装魚雷発射管２基６門などを搭載しており、攻撃能力は「樺」型よりも高かった。

これら高性能艦の増援は、第二特務艦隊のみならず地中海で活動する連合軍にとってたいへん心強かったことは言うまでもなかろう。

1917年（大正6）8月10日、佐藤皐蔵少将は将旗を巡洋艦「出雲」に移して、以後、第二特務艦隊旗艦は「出雲」となった。そして「明石」は4カ月半の任務を終えて帰還することになったのである。

旗艦が、より強力な「出雲」に代わり、新鋭の「桃」型駆逐艦4隻が加わった増強第二特務艦隊は、その後もマルタを拠点に旭日旗を地中海上にはためかせ続けたのである。

蘇る第二特務艦隊

前にも述べたが、船舶護衛のために地中海上を駆け巡った第二特務艦隊の資料や記録写真は少ない。だからこそ佐藤皐蔵中将のご令孫に見せていただいた寫眞帳（アルバム）は貴重なのだが、実は私は他にも当時の様子を知る手がかりを得ることができた。なんと駆逐艦「桃」の艦長を務めた池田武義少佐が撮り遺した貴重な寫眞帳をご子息・池田武邦氏に見せていただいたのだ。

寫眞帳の表紙には「ヨーロッパの思出　波濤三万海里」とあり、それは池田少佐の地中

「地中海の戦友」（出典：『ヨーロッパの思出　波濤三万海里』）

海遠征のまさに「記録」であった。「地中海ノ戦友　大正八年一月元日に　マルタニ於テ　桃乗組」と記された池田艦長以下部下たちが並んだ写真の他、アフリカ北岸を航海中の「桃」の左舷甲板に立つ池田少佐の凛とした姿、甲板上で撮られた部下たちの写真などが並んでいた。

なかでも旗艦「出雲」の甲板と思われる場所で撮られた「第甘四駆逐隊の幹部」と題した写真には、第24駆逐隊　最後司令・河合退蔵大佐をはじめ、「桃」艦長・池田武義少佐、「樫」艦長・植松練磨少佐、「柳」艦長・山本松四少佐、「檜」艦長・江口毅次少佐が勢ぞろいしていた。恐らくこの写真は大正8年1月以降に撮影されたものだろう。

そして「最後の運動会」の写真には、柔道や騎馬戦、そして綱引きなど将兵の姿が映し出されていた。

第二特務艦隊の将兵の生き生きした姿を見たとき、いまや忘れ去られようとしていた「地中海の戦い」に温かい血が通い始め、英雄たちが蘇ってきた。

たいへん興味深かったのは、第二特務艦隊がマルタ到着後に装備した爆雷とその落下装置および爆雷投射装置の写真であった。それは第二特務艦隊の各駆逐艦が搭載した爆雷落下・投射装置を知るたいへん貴重な資料となろう。

また、南仏ツーロン港に、「出雲」を先頭に第24駆逐隊が堂々と入港してゆくシーンは壮観だ。

そして私の目を惹いたのは、地中海の任務を終えて日本へ帰る第二特務艦隊の勇姿とそれを見送る人々の写真であった。池田少佐の「送る人と送らるる人」の文字が胸に突き刺さる。

これらの写真は、かつて日本海軍が地中海で大活躍し、そして連合軍の勝利に大きく貢献したことを何より雄弁に物語っていた。

大正８年春季皇霊祭当日アフリカ北岸航海中の駆逐艦「桃」艦長

「第廿四駆逐隊　地中海最後の幹部」（出典：共に『ヨーロッパの思出　波濤三万海里』）

「マルタ最後の運動会」騎馬戦

「マルタ最後の運動会」柔道（出典：共に『ヨーロッパの思出　波濤三万海里』）

イタリアのジエノバを去る日本艦隊とイタリア国民

爆雷落下・投射装置（出典：共に『ヨーロッパの思出　波濤三万海里』）

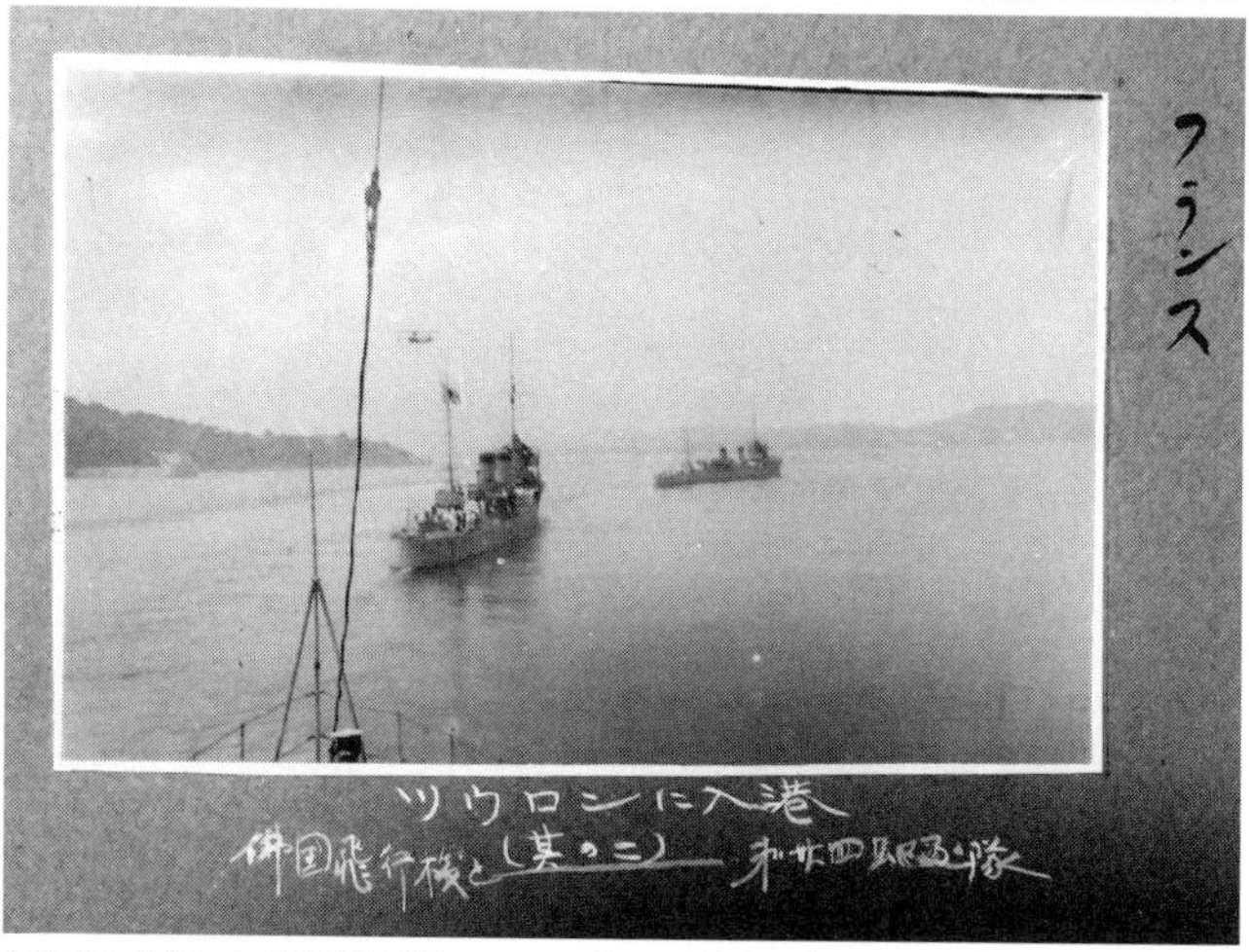

「出雲」と第 24 駆逐隊が仏ツーロン港に入港（出典：共に『ヨーロッパの思出波濤三万海里』）

「送る人と送らるゝ人」地中海の任務を終えて日本へ帰る第二特務艦隊（出典：共に『ヨーロッパの思出　波濤三万海里』）

第5章 英雄になった第二特務艦隊

天皇皇后両陛下の聖旨並びに令旨

第二特務艦隊にとってもっとも嬉しい出来事は、大正天皇皇后両陛下の聖旨並びに令旨であった。

地中海において危険かつ過酷な任務に精励する第二特務艦隊の将兵を気遣われた両陛下は、１９１７年（大正６）11月に侍従武官をマルタに差遣され、旗艦「出雲」にて佐藤皐蔵司令官に両陛下の聖旨並びに令旨を伝えるとともに、派遣隊員に恩賜のタバコ、傷病者には御菓子料が下賜されたのだった。

片岡覚太郎中尉は、その畏れ多い聖旨並びに令旨を賜ったときのことをこう記している。

《謹んで、左に聖旨並に令旨を奉写し、永久に第二特務艦隊の上に輝いた光栄を記念いたしたい。

天皇陛下ニハ当方面ニ出征セル司令官以下艦隊将卒一同ノ勤労ヲ苦労ニ被思召特ニ侍従武官ヲ差遣ワサレ其状況ヲ実視シ来レトノ御沙汰ニ被為在

又

皇后陛下ニ於カセラレテハ気候風土ノ異ナルシカモ危険ナル敵地ニ在リテ勤務スル将卒一同ヲ苦労ニ思召サレ司令官以下一同身体ヲ一層大切ニスル様申伝エヨトノ令旨ニアラセ

書名　**日本が感謝された日英同盟**

このたびは産経新聞出版の出版物をお買い求めいただき、ありがとうございました。今後の参考にするために以下の質問にお答えいただければ幸いです。抽選で図書券をさしあげます。

●本書を何でお知りになりましたか？

□紹介記事や書評を読んで・・・新聞・雑誌・インターネット・テレビ

媒体名(　　　　　　　　　　　　　　　　)

□宣伝を見て・・・新聞・雑誌・弊社出版案内・その他(　　　　　)

媒体名(　　　　　　　　　　　　　　　　)

□知人からのすすめで　□店頭で見て

□インターネットなどの書籍検索を通じて

●お買い求めの動機をおきかせください

□著者のファンだから　□作品のジャンルに興味がある

□装丁がよかった　□タイトルがよかった

その他(　　　　　　　　　　　　　　　　)

●購入書店名

●ご意見・ご感想がありましたらお聞かせください

(ご回答いただいたご意見・ご感想は広告等で使用させていただく場合があります。)

郵便はがき

100-8077

63円切手を
お貼りください

東京都千代田区大手町1-7-2

産経新聞出版　行

お名前《フリガナ》	
性別　男・女	年齢　10代 20代 30代 40代 50代 60代 70代 80代以上
ご住所 〒 (TEL.)	
ご職業　1.会社員・公務員・団体職員　2.会社役員　3.アルバイト・パート 4.農工商自営業　5.自由業　6.主婦　7.学生　8.無職 9.その他(　　　)	
・定期購読新聞 ・よく読む雑誌	
読みたい本の著者やテーマがありましたら、お書きください	

ラル

聖恩洪大、司令官から、この旨を伝えられた電報を亜歴山《アレキサンドリア》で受取った時、人々は感激に湿うた眼をあげて、東の空を伏し拝んだ》（片岡著『日本海軍地中海遠征記』）

天皇皇后両陛下の聖旨並びに令旨、そして御菓子料などを拝受した将兵の感激やいかに。

将兵はこれに奮起し、イギリスをはじめ連合国の艦船を死に物狂いで護衛し、そして敵潜水艦に猛然と立ち向かっていったことであろう。

精神的にも肉体的にも骨が折れる

日本艦隊は身を挺して輸送船を護った。それは〝挺身護送〟というべきもので、各国海軍は、自らを犠牲にしてまで輸送船を守り抜く日本海軍の勇猛果敢な護衛の姿にいたく感銘し、そして畏敬の念を抱いたのだった。

こうした戦いについて佐藤提督は、のちにこう語っている。

《我が艦隊は主として軍隊輸送の運送船の護送に当たったのでありますが、その任務は如何に責任が重く、またその遂行が困難であるかと申すに、軍隊を輸送する船はいずれも巨大なるもので、時には一隻の船に三千人以上も乗っていることもあり、これと同時に軍需品をも積んでいるのでありまして、そのような大切なものの安危はすべて護送の任に当たっている駆逐艦の双肩にかかっているのでありますから少しも油断がならない。いつも緊張した気分で警戒しておらなければならないのであります。しかも一旦海上に出れば、いつ水中に潜んでいる敵から攻撃されるか判らないから假令非番のときでも軍服を脱いでゆっくり寝るなどということは到底できないことで、常に不安の念を以て起居して暮らすのであります。

その上、敵の攻撃を困難ならしむるため、高速力を出して走りながら、絶えず針路を変じて不規則の運動を執らなければならぬので、ややもすれば運送船隊の列が乱れやすくなる。列が乱るれば敵に攻撃の機会を与えるから常にこれを矯正鞭撻していかなければならぬ。そういうようなわけで、精神的にも、肉体的にも非常に骨が折れるのであります》

（講演録）

敵潜水艦を警戒しつつ陣形をくずさぬよう細心の注意を払いながら不規則に針路変更を繰り返さなければならなかったのだ。佐藤提督が言うように、精神的にも肉体的にも負担が大きかったことがよくわかる。

こうして第二特務艦隊の各艦は、船舶護衛任務のために地中海を東奔西走し、身を挺して船舶護衛に努めたのである。

1918年（大正7）4月1日、この日の海軍省令によって、第二特務艦隊隷下《れいか》の各駆逐隊の隊番号が変更された。

第二特務艦隊旗艦　巡洋艦「出雲」

第22駆逐隊（旧第10駆逐隊）

駆逐艦「梅」「楠」「桂」「楓」

第23駆逐隊（旧第11駆逐隊）

駆逐艦「松」「榊」「杉」「柏」「栴檀《せんだん》」「橄欖《かんらん》」

第24駆逐隊（旧題15駆逐隊）

駆逐艦「檜」「樫」「柳」「桃」

特務船

「東京」「西京」

ちょうどこの頃のヨーロッパ大陸における戦況は、連合軍にとって不利な状況となっていた。

というのも、1917年3月に勃発したロシア革命でロマノフ王朝が倒された後、ロシアは、1918年3月3日にドイツやオーストリア＝ハンガリー帝国らの中央同盟軍と休戦条約「ブレストリトフスク条約」を締結して連合軍から離脱したからである。

このことが東部戦線に兵力を割くドイツ軍には有利に働いた。なぜならドイツ軍は、全兵力を西部戦線に投入できたからである。一方、イギリス、フランス、イタリアなど連合軍は、これに抗するさらなる戦力投入を余儀なくされたのだった。そこで多くの海外領土を持つイギリスは、オーストラリア、ニュージーランド、インドなどから兵力を投入することになり、したがって日本海軍による太平洋やインド洋での船団護衛はたいへんありがたかった。

さらに中近東やアフリカにあった連合軍の兵力をヨーロッパの西部戦線に投入する必要がでてきたのである。そこでエジプトのアレキサンドリアに集結した大兵力を大輸送船団をもってヨーロッパ大陸に海上輸送することになった。

その護衛を一手に引き受けたのが日本海軍の第二特務艦隊だったのだ。

最大の洋上輸送作戦

１９１８年（大正7）４月から7月の間、５回に分けて行われた第一次世界大戦最大の洋上輸送作戦の詳細は次の通りである。

【第1回輸送】　4月11日―27日
往復航路　：アレキサンドリア―マルセイユ
輸送船　　：7隻
護衛駆逐艦：「檜」「樫」「柳」「桃」「楠」「梅」「柏」「栴檀」「橄欖」およびイギリス駆逐艦「コルヌ」「レナルド」「フェニックス」

【第2回輸送】　5月1日―17日
往復航路　：アレキサンドリア―マルセイユ
輸送船　　：7隻　＊復路で魚雷攻撃を受け輸送船1隻沈没
護衛駆逐艦：「松」「杉」「楠」「梅」「楓」「桂」「檜」「柳」「栴檀」「橄欖」

【第3回輸送】　5月26日―6月14日
往復航路　：アレキサンドリア―マルセイユ
輸送船　　：6隻（復路は5隻）　＊途中で魚雷攻撃を受け輸送船1隻沈没
護衛駆逐艦：「柏」「杉」「柳」「樫」「楠」「桃」「楓」「桂」「檜」「栴檀」「橄欖」

【第4回輸送】　6月18日―29日
往復航路　：アレキサンドリア―タラント
輸送船　　：5隻
護衛駆逐艦：「松」「杉」「楠」「梅」「楓」「桂」「檜」「柳」「樫」「桃」「栴檀」「橄欖」

【第5回輸送】　7月5日―17日
往復航路　：アレキサンドリア―タラント
輸送船　　：5隻
護衛駆逐艦：「楠」「梅」「楓」「桂」「檜」「樫」「桃」「栴檀」「橄欖」

つまり第二特務艦隊は往路復路合わせて10回の大船団護衛を行なったわけである。第1回の輸送船団護衛には3隻のイギリス駆逐艦が加わったが、第2回以降は日本海軍だけで護衛しており、イギリス海軍がいかに日本海軍を信用していたかがよくわかる。駆逐艦「松」の片岡覚太郎中尉は、《前後五回にわたる、この大輸送船隊《ビッグコンヴォイ》が、全部日本の駆逐艦によって護送せられたことは、特筆すべきことである》とし、《不幸にして第二回の復航に「オムラ」を失い、第三回目の往航に「リーソーカッスル」を失った外《ほか》、爾余《じよ》の会敵に際しては、常に吾から機先を制して、敵をして空しく水底に地団駄を踏ましめたが、これ全く護送各艦の哨戒見張員の、忠実なる職務遂行の賜物に外ならないのである》（片岡著『日本海軍地中海遠征記』）と回想している。

第二特務艦隊は、この10回もの船団護衛にあたって、勇猛果敢なる対潜水艦戦闘で水中の脅威を排除し、無事に大部隊を目的地まで送り届けたのである。しかもその被害は輸送船2隻だけだった。

この5次にわたる船団護衛が行われた1918年4月から7月までの4カ月間に、敵潜水艦によって沈められた連合国船舶の総数は126隻に上っていることを考えれば、第二特務艦隊がいかに敵潜水艦の攻撃をよく阻止していたかがお分かりいただけよう。

パーフェクトゲーム

最終的に大日本帝国海軍第二特務艦隊は、１９１７年（大正6）5月から１９１８年（大正7）11月までのおよそ1年6カ月の間に、３４８回の護衛任務を引き受け、軍隊（兵員）輸送船を中心に病院船など７８８隻の連合国の船舶を護送した。

その内訳は、輸送船７６７隻で、この内６２３隻はイギリスの船だった。あとはフランス輸送船１００隻、イタリア輸送船18隻、さらにイギリス海軍の軍艦等21隻、その他26隻であった。

そして75万人もの兵員を護衛し、敵潜水艦の攻撃を受けて海に投げ出された連合軍兵士や看護婦ら約７０００人を救助したのである。

と同時にその護衛任務の途上で、敵潜水艦と36回もの対潜戦を行って大きな戦果を挙げたのだった。

艦隊の戦闘記録を精査してみると、第二特務艦隊は、マルタ島周辺海域やシチリア海峡、アレキサンドリア周辺海域を中心に各地で敵潜水艦と対潜戦を繰り広げていたことがわかる。

佐藤提督によると、36回の交戦の内13回は十分手ごたえがあったという。つまり敵潜水艦を撃沈または撃破することができた可能性があるということだ。対潜戦の戦果確認は難しく、交戦後に海面に浮きあがってきた大量の油や浮遊物で判断せざるを得ないためにこのような表現になってしまうのである。しかしながら、そもそも船舶護衛任務は、敵潜水艦の攻撃を阻止して護送船舶の被害を食い止めることができれば、ミッションとしては成功なのだ。

そしてこれほどの過酷な任務をこなしながら我が方の損害は、全期間を通じて「榊」が大破しただけで損失艦はゼロだったことにも注目する必要があろう。

第二特務艦隊が、前述したようにかくも多くの船舶の護衛任務に成功し、かつ随所で対潜戦を戦って戦果を挙げながら、一隻も失わなかったということは、まさに日本海海戦以来のパーフェクトゲームだったといえるのではないだろうか。

それゆえに第二特務艦隊は各国海軍から高く評価され、その信頼度は群を抜いて高かった。第二特務艦隊は、その見事な護衛ぶりから、いつしか〝地中海の守護神〟と呼ばれるようになり、護衛依頼が殺到するあり様だったのである。

このことは、日本艦隊の出撃率に顕著である。

護衛任務に就いたイギリス海軍の出撃率が60％で、フランスとイタリアがそれぞれ40％であるのに対し、はるか東洋から〝助っ人〟としてやってきたはずの日本海軍のそれは実に72％を記録したのである。

輸送船の船長の中には、日本艦隊の護衛がなければ出港しないとまで言い出す者もあったというから、その信頼の高さをうかがい知ることができよう。

どの海軍をも上回る勲章と歓待

世界の人々は、東洋の小国日本の新参海軍がロシアのバルチック艦隊を撃ち破った大勝利は、単なる偶然ではなく、必然であったことを思い知ったことだろう。

司令官・佐藤皐蔵少将は後に各国から勲章を授与される名誉に浴した。

C・W・ニコル氏は、その著書『特務艦隊』（文春文庫）の後記で、次のように記している。

《彼ら日本海軍の死者と生存者が個々に受賞した勲章と感状は、一九一四年から一八年までの大戦中、他のどこの海軍のどんな集団の受勲数をも上回った》

佐藤提督は、勲二等瑞宝章、勲三等旭日中綬章、功四級金鵄勲章《きんしくんしょう》といった数々の日本の勲章の他に、イギリス、ベルギー、フランス、イタリア、ギリシャ、アメリカ、ルーマニアから勲章を受賞していたのである。そのほか佐藤提督はドイツからも勲章を授賞していたが、これはどうやら戦前の大正2年ごろに授章したものだった。

帰国を前に佐藤提督は、旗艦「出雲」で第24駆逐隊を率いて連合国へ親善訪問し、各国の国王および要人らと面談して戦果報告と帰国の挨拶を行なっている。

このあたりの佐藤司令官一行の動きを、『日本海軍地中海遠征記』（紀脩一郎著）を参考にして紹介したい。

戦後、第二特務艦隊は、戦利品となるドイツの潜水艦Uボートの回航のためにイギリス南部のポートランドに集結したが、そのとき、佐藤司令官をはじめとする第二特務艦隊首脳は、駆逐艦「樫」でフランスのダンケルクに渡った。

そしてベルギー陸軍省から派遣された将校の案内でフランス・ベルギーの激戦地を視察してまわった後、1919年（大正8）2月5日に、ベルギーの首都ブリュッセルでベルギー陸軍大臣と運輸大臣を表敬訪問している。

この夜、佐藤司令らを歓迎する晩餐会が催され、ベルギーの各大臣、各国大使、公使に加え、多くの名士たる紳士淑女までもが出席して、日本海軍の活躍が大いに讃えられた。この歓迎ぶりに佐藤司令官一行が感動したことはいうまでもなかろう。

翌日の2月6日、佐藤司令官一行がリエージュ要塞を見学したとき、要塞司令官のジャック中将と幕僚による手厚い出迎えを受け、視察ののち歓迎の午餐会が催された。このとき用意されたテーブルが日の丸の旗で飾られていたことに一行はいたく感激したという。

そしてこの日の夜、佐藤司令官一行は、ベルギー国王に拝謁した。

国王陛下は、第二特務艦隊の武勲を讃え、佐藤司令官らに勲章を授与されたのである。

翌日一行はアントワープに移動して同市長を表敬訪問したのち、ダンケルク港からポートランドに戻った。

イギリス国王からの賞賛

そして2月15日、佐藤司令一行はロンドンのバッキンガム宮殿にてイギリス国王ジョージ5世に拝謁している。

このときジョージ5世は、「日本帝国と協同してドイツを撃破することができたことは、私の最も満足するところであり、とりわけ第二特務艦隊は地中海で困難な潜水艦戦に従事し、苦艱を忍び辛労に堪えよく偉功を奏した事績を、私は永久に記憶して忘れることはありません」と第二特務艦隊の活躍を讃え、司令部幕僚らに勲章を授与されたのだった。

その夜、在留日本人会が佐藤司令らを招いて壮大な歓迎会を開催した。佐藤司令官に続いてあいさつに立った在ロンドンの山崎総領事は、第二特務艦隊が連合軍の危機を救うために大きな貢献をしたとその活動を讃え、佐藤司令官をはじめ艦隊将兵に絶大なる敬意と感謝の意を表した。すると会場は総立ちになって拍手と歓声に包まれたのだった。

佐藤司令官一行がイギリスに滞在中、イギリス海軍は、英雄・佐藤皐蔵少将に対して至れり尽くせりだった。なんとイギリス海軍からお世話係として2名の海軍少佐が「出雲」に送り込まれ、陸上にも海軍大尉が控え、さらに通信連絡のために2名のイギリス通信兵が後甲板に当直で就いていたというではないか。このことからもイギリス海軍が佐藤司令官をいかに厚遇したかがおわかりいただけよう。

その後もイギリスの歓待は続いた。

3月1日にはポーツマスのイギリス海軍司令官から、3日には海兵団長から晩餐会に招待され、さらに4日はポーツマス市長主催の歓迎レセプションと、第二特務艦隊に対するイギリスの歓迎ぶりは並大抵のものではなかった。

佐藤司令官と第二特務艦隊は、時のイギリスの〝スーパー・スター〟だったのである。

後の大東亜戦争の最中、1943年（昭和18）8月に発行された『戦ふ水雷戦隊』（日暮豊年著、大東亜社）にもこう記されている。

《これらの駆逐艦はイギリスやフランス、イタリアの輸送船を護送し、ドイツの潜水艦Uボートと三十六回も交戦し十数隻の敵艦を撃破しました。そのお陰でイギリスは危ないところを救はれ、首相ロイド・ジョージは議會で、

「日本駆逐艦隊の来援がなかつたなら、イギリス國民はたちまち餓死しなければならなかつたであらう」

と、感謝演説をしたほどの功績をあらはしたのです》

イギリスにとって第二特務艦隊は、国家の危機を救ったまさに救世主だったのである。

こうしたことから、東郷平八郎元帥が日英同盟の受益者ならば、佐藤皐蔵提督は日英同盟の与益者だったといえよう。

そして第24駆逐隊の4隻の駆逐艦は3月5日から戦利品の潜水艦2隻を、「出雲」と「柏」は同10日から戦利潜水艦1隻をマルタへ輸送していった。

終戦後、連合軍によって接収された１４０隻のドイツのＵボートが、戦利品として戦勝各国に分配され、日本には７隻が割り当てられた。その内の５隻は就役直後の新鋭艦だったが、このことからもイギリスの日本への高配がわかる。

その回航員として活躍したのが、「樫」乗員の山口多聞大尉だったのだ。その時の晴れ晴れしい胸の内を詠んだ歌は前に紹介した通りである。

マルタの大運動会

戦利品の潜水艦７隻がマルタに集結して各艦が帰国の準備を始めた頃の１９１９年（大正８）４月３日、マルタ総督をはじめイギリス陸海軍将官夫妻、イギリス軍将兵、マルタの一般市民などを招いて大運動会が催された。イギリス軍楽隊までもが参加するこの大イベントは、まるで日英同盟のお祭りのようであった。

運動会では、柔道、騎馬戦、綱引きなどが行われており、このときの様子は、前述した「桃」艦長の池田武義少佐の遺したアルバムの中に鮮やかに記録されている。

その後、戦利品の潜水艦を日本に曳航するために派遣された工作艦「関東」は、これら７隻の潜水艦を率いてマルタを後にし、続いて、大戦末期に地中海に派遣された巡洋艦

「日進」（休戦後の11月22日に第二特務艦隊編入）が、第22駆逐隊と共にマルタを出港した。そして第23駆逐隊は軍事上の理由があって各艦別個にマルタに別れを告げたのだった。

残った佐藤司令官と旗艦「出雲」は、第24駆逐隊と共に各国を親善訪問して帰国することになった。

この親善訪問艦隊は、4月12日からイタリアを訪問し、佐藤司令官一行は陸軍省、外務省、海軍省などを表敬した。そしてその2日後にイタリア国王と面会したとき、国王陛下は第二特務艦隊の功績を称賛され、司令官以下12名に勲章が授与されることになった。

その後一行は、ベニス、ナポリ、ジェノバなどを回って4月26日にフランスのマルセイユへ向かった。

佐藤司令官一行は、そこから夜行列車でパリに向かい、パリ到着時には、竹下勇海軍中将および奈良武次陸軍中将をはじめ日仏両国の人々の大歓迎を受けている。さらに仏クレマンソー首相の歓待を受け、その後、外務大臣、海軍大臣、軍令部長を表敬した。

パリ市長からの感謝

また、ちょうどこのとき、終戦の講和会議のためにパリに来ていた全権大使の西園寺《さいおんじ》公《きん》望《もち》と牧野伸顕《まきののぶあき》次席全権大使を表敬。西園寺全権大使は、第二特務艦隊の活躍に対する敬意を示し、労《ねぎら》いの言葉をかけたのだった。

この日の晩餐会では、体調不良のため欠席した西園寺全権大使の歓迎の辞を牧野次席全権大使が代読した。

「司令官閣下並びに諸君。

今回の戦役に於ける我が海軍行動の艱苦とその効果とは、未だ広く世界に認められざるが如し。第二特務艦隊即ち地中海派遣の駆逐隊に関しては特に然り。運送船護衛の任務は、高尚なる品性と智勇を兼備し、特に周密の注意と多大の忍耐を以てするに非れば、充分の功を奏する能はず。故に内外具眼の士（著者注／国内外の物事の本質を見極める人）は必ず第二特務艦隊の功労を認め、永く之を記憶することを疑わず。

此の如き光栄ある閣下及び諸君に対し、平和会議中、此の地に於て在留同胞一同と共に親しく感謝の意を表するを得るは、実に歓喜に堪えざる所なり。諸君帰艦の上は、部下及び同僚諸士へも此の意を伝えられんことを乞う」（紀著『日本海軍地中海遠征記』、原文のカタカナ表記をひらがなに置き換えた）

連合軍の勝利に多大なる貢献をした第二特務艦隊の大活躍が、パリ講和条約における日本の立場はもとより国際社会における日本の地位を高め、日本は「五大国」と列せられたのだった。

そして最終的にはこれから発足する国際連盟の常任理事国の地位を獲得するに至ったのである。

それほどまでに第二特務艦隊の働きは大きかった。

佐藤司令官一行は、エッフェル塔やヴェルサイユ宮殿を参観するなどして花の都パリを満喫したあと、4月30日に日仏協会の歓迎午餐会に出席、その日の夜に催されたフランス海軍大臣主催の晩餐会の席上、ポアンカレー大統領より水谷光太郎艦隊機関長、安東昌喬参謀、「出雲」本多副長に勲章が授与された。

その後も一行は、パリで新聞社との歓迎午餐会、パリ市長主催の歓迎レセプションと大忙しだった。

レセプションでは、パリ市長が日本国と国民に対するフランスの友情を語り、今次大戦における日本の功労を讃えて天皇陛下への感謝を述べた。そして市長はパリ市民を代表して、日本国の連合国に対する忠誠と友情と信義に対する感謝の念を、佐藤司令官一行を通じて、日本国に捧げると結んだのである。そのとき、万雷の拍手が鳴りやまなかったという。

パリでの一連の歓迎行事を終えた一行は、列車でマルセイユへ向かうのだが、このときもまた出迎えのときと同じく竹下海軍中将、奈良陸軍中将に加え日仏陸海軍武官や在留邦人もが一行を見送った。むろん例にもれずマルセイユでも、一行は市民から大歓迎を受け、オペラや市民運動会に招かれるなど、どこへ行っても日本海軍軍人は超人気で引っ張りだこだったのである。

2年5カ月の戦いが終結

佐藤司令官一行の親善訪問の旅は続く。

5月5日にはマルセイユからツーロンへ。ここではフランス海軍の大歓待を受け、連日歓迎攻めにあった。

その3日後、フランス海軍の見送りを受けていったんマルタ基地に帰還。マルタに上陸した将兵は、帰国前にカルカーラの英連邦戦没者墓地にある第二特務艦隊戦没者の墓に参拝し、今は亡き戦友に別れを告げた。

その後、マルタのバレッタ港から出航した一行は、5月15日にギリシャのピレウス軍港に到着し、ギリシャ国王の表敬訪問を受けている。アテネなどの見学をしたのち、今度はエジプトのポートサイドに向かった。そしてポートサイドでは、またもやイギリス軍の大歓迎を受け、歓迎晩餐会が催されたのである。

その席上、カンタラ基地司令官オスワード代将が、第一次世界大戦における日本艦隊の活躍に感謝の意を表し、日英両国が島国であり地勢が相似していること、両国民が、正義と人道を愛する念が深いこと、勤勉で忍耐力が強いことなどの類似点を挙げた上で、将来も共に協力して世界の平和に寄与すべきと説いたという。まさにこれは、現代にも通じるところではないか。

その後一行は、エルサレムに出向いて史跡などを研修し、この地でもイギリス軍の午餐会および晩餐会の招きを受けた。佐藤司令官一行は、来る日も来る日も歓迎式典、晩餐会、歓迎パーティーの連続で、まさに世界的な人気スターだったのである。

こうした各国親善訪問の様子は、佐藤皐蔵提督および池田武義少佐のアルバムにしっかりと記録されている。第一次世界大戦の戦勝と日英同盟の貴重な記録といえよう。

そして迎えた5月27日、奇しくも日本海海戦勝利を記念した海軍記念日に、旗艦「出雲」と第24駆逐隊は地中海に別れを告げ、一路祖国日本を目指して帰国の途に就いたのだった。

佐藤司令官および第二特務艦隊に対する世界各国の歓迎ぶりをこれでもかと紹介したのは、日本海軍の活躍が連合軍の勝利に貢献し、それがいかに世界各国から称賛されていたかを知ってもらいたかったからである。

次に佐藤提督が外国から受賞した勲章を一覧に挙げておきたい。

【ベルギー】
王冠二等勲章
1919年（大正8）2月6日授章
【イギリス】
ナイトコマンダースター・オブ・セントマイケル　アンド　ジョージ勲章
1919年（大正8）2月15日授章
【フランス】
レジオン・ドヌール勲章コマンドゥール（3等）
1919年（大正8）4月30日授章

【イタリア】
王冠勲章グランデ・ウフィチャーレ章（2等）
1919年（大正8）4月20日授章
【ギリシャ】
希国勲章
1919年（大正8）4月20日授章
【アメリカ】
合衆国殊勲賞
1914年（大正3）〜1918年（大正7）
【ルーマニア】
勇者ミカエル勲章3等
1919年（大正8）（著者注／日付不明）

特務艦「関東」が戦利品のUボート7隻を率いて日本に到着したのは1919年6月18日。すべての任務を終えて、第二特務艦隊が内地に帰還したのは、1919年7月18日のことだった。

１９１７年２月18日に第11駆逐隊の駆逐艦４隻が佐世保を出港してからおよそ２年５カ月に及ぶ第二特務艦隊の戦いはここで幕を下ろしたのである。

1
3
5
6

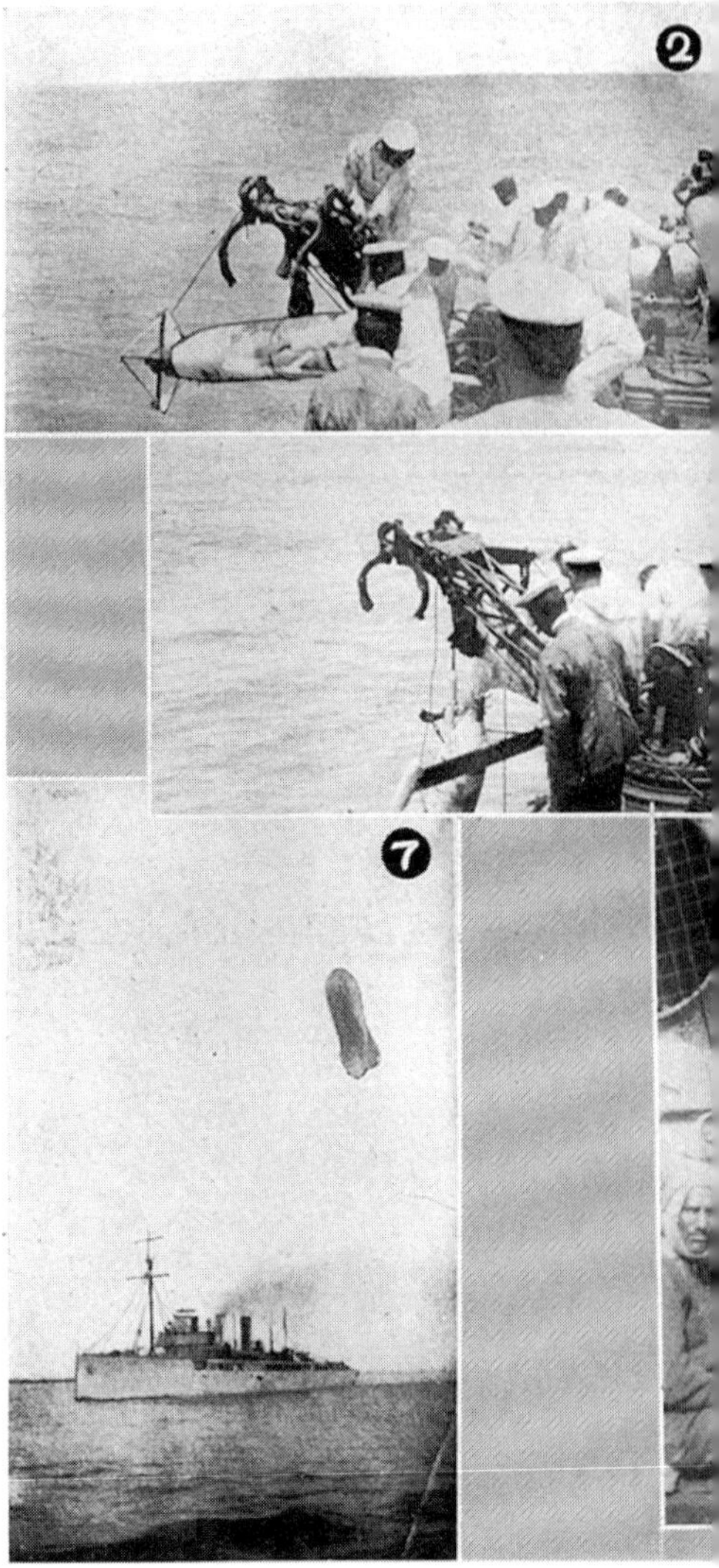

①駆逐艦「杉」に装備した潜水艦攻撃用兵器「パラベン」
②③④駆逐艦「杉」の「パラベン」曳航作業
⑤大正7年10月3日「メシナ」海峡南口に於いて駆逐艦「檜」が故障したイタリアの飛行機を救助し曳航
⑥大正6年12月31日、エジプトのアレクサンドリア港外に於いて英「オスマニヤ」が敵雷により沈没。駆逐艦「樫」に救助されたインド兵
⑦英「スループ」、「カイト、バルン」を曳きながら警戒（アレクサンドリア掃海水道）
（出典：『第二特務艦隊記念寫眞帖』）

1

2

4

7

6

①②旗艦「明石」に於ける運動会
③大正６年日本海海戦紀念日、旗艦「明石」に於ける祝賀会会場（於マルタ）
④大正６年天長節祝日遙拝式（マルタに於ける我が駆逐艦）
⑤旗艦「日進」に於ける大正８年新年祝賀会(於ジブラルタル)
⑥大正７年日本海海戦紀念日に於ける同海戦講話（マルタに於ける我が駆逐艦）
⑦大正７年３月旗艦「出雲」に於ける相撲競技（於マルタ）
⑧旗艦「出雲」に於ける餅つき（出典：『第二特務艦隊記念寫眞帖』）

①②ジブラルタルに於ける同総督スミスドーレン大将の旗艦「日進」訪問
③ジブラルタルに於ける軍艦「日進」の新年祝賀会（大正8年1月1日）
④ギリシャのピレウスに於いて駆逐艦「榊」の修理を視察するギリシャ総理大臣ベネゼロス氏
⑤⑦ギリシャのサロニカに於けるギリシャ将軍の旗艦「日進」訪問
⑥コンスタンチノープル（現イスタンブール）に於ける仏司令官の「日進」訪問
（出典：『第二特務艦隊記念寫眞帖』）

2

1

4

COMPLETE OUTFITTERS, TAILORS, ETC.
CIVILIAN AND NAVAL WEAR.
Baker & Co
3

①ロンドン・セントポール寺院内のネルソン墓前に於ける我が艦隊の士官一行（8年1月）
②ロンドン・セントポール寺院階段に於ける我が艦隊下士卒の集合
③英国ポーツマス郊外に於ける同市市長の我が艦隊乗員歓迎（8年3月）
④⑤我が艦隊下士卒のロンドン見学（8年1月）
（出典：『第二特務艦隊記念寫眞帖』）

❶

❸

❹

❻

大正８年４月３日マルタ、コラデノハイトに於ける第二特務艦隊観兵式及び運動会
①観覧席
②マルタ総督の来場
④観兵式
⑤柔道
⑥野仕合
③⑦競技
(出典 :『第二特務艦隊記念寫眞帖』)

①③⑥旗艦「明石」に於ける英国勲章授与式
②大正８年１月、旗艦を「日進」より再び「出雲」に移す際の「日進」に於ける司令部及び「日進」の士官以上
④自英国至マルタ　第一回旧独潜水艦回航隊職員
⑤駆逐艦「柳」に便乗する英パレスタイン軍司令官と「柳」の士官
⑦大正６年５月17日、佐藤司令官がビゼルト訪問の際、同地の仏及びセルビア軍の歓迎
（出典：『第二特務艦隊記念寫眞帖』）

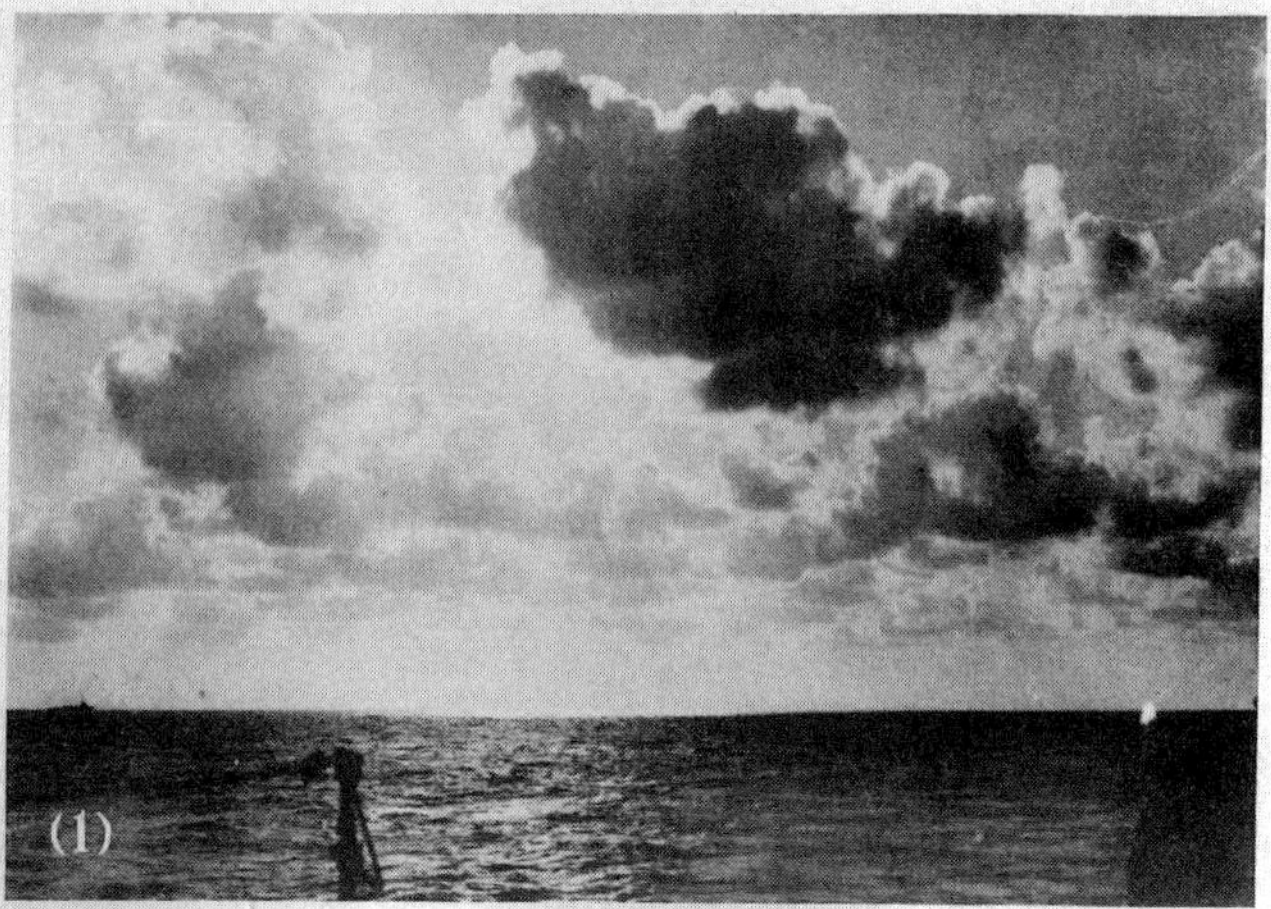
(1)

(2)

護送
①夕照
②朝ぼらけ
③④波の山
（出典：『第二特務艦隊記念寫眞帖』）

第6章 同盟の武士道

外国軍との初の協同作戦を前に

日本を代表して第二特務艦隊を率い、連合国の勝利に貢献するという任務を見事に成し遂げた佐藤皐蔵少将の精神的支柱は何だったのか。

前述したように彼は、地中海に向かう前にその決意を表明すべく海軍大臣・加藤友三郎大将を訪ねている。

このとき佐藤少将が、出港を前に海軍大臣より承っておくことを訊くや、加藤海軍大臣はこう応えた。

《別に訓示することもないが、あなたの麾下に属する部隊は形の上に於いて左程大きいものではないけれども、日本帝国を代表して行くのであって、責任が非常に重いのであるからしっかりやってもらいたい。細部にわたることはそれぞれ掛りの者と打ち合わせて手落ちのないようにしてもらいたい》（講演録）

たいへん簡素な応答だった。

そこで佐藤少将は、悩みぬいた末の決意を述べたところ、加藤大臣は、外交方面のことも決して軽視するわけにはいかないから、これについても十分注意してもらわねばならないと返している。

そこで佐藤少将は、日本艦隊を地中海に派遣する意味を再確認したところ、逆に加藤大臣が「君は、それについて何と思うか？」と質問した。

これに対し、佐藤少将はこう返している。

《従来英国、仏国等からヨーロッパ方面に艦隊の派遣請求して来たのに対し、それは日英同盟の区域以外だから派遣するわけにいかないからというて謝絶したということをほのかに承っておりましたが、それにも拘わらず今度艦隊を派遣さるることになったのは、日英同盟の情誼の為というようなことのためではなく、ドイツの無制限潜水艦戦に対応するため、我が国は世界の正義人道のため自主的に決心されたものと考えますがいかがでありますか》（講演録）

すると加藤大臣は、「勿論、それもあるが、最近英国から艦隊の派遣を請求せられたこともその一つであるから、英国とは特別の関係あるものだということを考えてやってもらわなければならない」と、人道上の自主判断であることに加え、日英同盟の情誼であることも念押ししている。

佐藤少将は、地中海で思い切って戦うためにこそ、出発前にこうした派遣の目的や主義、そして方針を海軍大臣に再確認しておきたかったのだ。

次に佐藤少将が出発報告を行ったのが訓令を頂いた海軍軍令部長・島村速雄大将だった。

加藤大臣への報告と同様に出発前の決意表明と、訓示を頂くつもりで訪ねたが、島村大将は、「何でも思った通り充分やりなさい」とのことだった。

そして佐藤少将が出発前の決意を述べたところ、島村大将は、たいへん喜んで両手を出して佐藤少将の右手を握ってこう言った。

「これなるかな、これなるかな、その通りでよろしい。自分がもっと若かったら、あなたを遣らないで自分が出て行きたかった。実に羨望の至りだ」

佐藤少将は、はじめて外国軍と協同作戦を実施することへの不安もあったようだが、それはそうだろう。日本海軍始まって以来の列強海軍との協同作戦なのだから、むしろ不安を感じない者はいないだろう。

任務に対する自覚と決意

後に佐藤少将は外国との協同作戦にこう述べている。

《由来古今東西を問わず、外国と協同作戦して良好な成績を挙げた例は甚だ少ないのであります。それは何故であるかというに、困難な仕事は外国の人にやってもらう。そして戦果を収める場合になると、自分が一番甘い汁を吸ってやろうというような横着な考えが起こるからうまくいかないのであります》（講演録）

なるほど正鵠を射たる指摘であり、これはまさに現代にも通じるところである。

そして外国軍との協同作戦に起こり得るこうした事態を予想した佐藤少将は、日本海軍のとるべき姿勢についてこう述べている。

《特に武士道の発祥地なる我が日本帝国の軍人などは、いやしくもそのような卑劣なことを絶対に考えるべきではない。前にも申した通り、我が日本民族が開闢《かいびゃく》（＝はじまり）以来、いまだかつて試みたことのないこの征戦に従事する以上、誠心、誠意、最善の努力をなして立派なる成果を収めなければならぬ。これがためには如何なる辛苦も厭うべきでない、いかなる犠牲をも払おう、場合によりては、全滅も辞さないという決心であるから、もしこの決心が上司に容れられざるならば、潔くご辞退しよう》（講演録）

外国の軍隊との協同作戦において、ともすれば同盟に亀裂が生じ、あるいは作戦が失敗するかもしれない。だが佐藤少将は、たとえ全滅しても、武士道を貫き誠心誠意任務の完遂に努める覚悟だったのである。

外国軍との協同作戦はそれほど難しく、まさに成功の鍵は利害を一にして共に血と汗を流す覚悟ということになろう。結果として、日本海軍は、そのことを見事に成し得たので、世界から大絶賛され、そして日本は世界のリーダーの一角の地位を獲得できたのだった。
こうした覚悟で協同作戦に臨んだ結果について佐藤少将はこう述べている。
《外国の人からは我が艦隊の誠意ある努力に対し感謝と尊敬を受け、司令官として実に愉快に任務を成し遂げ得たのでありました》（講演録）
そして佐藤少将は、その決意を十分に理解して戦ってくれた部下への称賛を忘れていなかった。
《もし艦隊各員の間に協同一致したる犠牲的精神が充実しておらなかったならば、如何に上司の信任があり、司令官自身が強固なる精神を持っておったと致しましても、かの戦役を通じて、一貫したるような過労なる勤務を部下に課することは恐らく不可能であったろうと考えらるるのであります》（同前）
第二特務艦隊は、司令官から乗員まで同じ決意と覚悟をもって戦って世界の称賛を集めることができたのである。
前出の駆逐艦「松」の乗員だった片岡覚太郎中尉は、任務を終えてマルタをさるときの心情をこう綴っている。

《自分の努力が認められると、認められないとは、自分の知ったことでない。ただ、国民としての本分を尽したという自覚が、自分にとって大なる安心である、満足である。少しでも自分の努力を認めて貰いたいと云う、さもしい私心が、その間に萌《きざ》すと、折角の御奉公に疵《きず》がつく。不平不満の囁きやら、沙上の偶語やらを聞くことは、その原因を作った方にも責があるかも知れないが、囁きを起すこと、それ自身が誤りである。一年有半の任務を了《お》えて去るに臨み、地中海を顧みた僕の胸中には、ただ、任務を果し得た感謝の外何《ほか》ものもない。得意もなければ失意もない。内地に働く人があってこそ、吾人の外征も首尾よく遂げられたのだと思うと、自分一人の手柄《てがら》のように、帰国して自慢して見たいと云うこともなければ、誉《ほ》めて貰いたいと思うこともない。氷のような冷やかな頭の中には、ただ、日本の国家、極東に偏在したる祖国、世界の智力と富力とを傾けた戦争の、活《い》きた舞台を踏んだ一員として、ますます多事多難なるべき帝國の将来が、あるばかりであった》（片岡著『日本海軍地中海遠征記』）

日本海軍将兵の任務に対する自覚と決意のほどをうかがい知ることができる。

同盟による協同作戦のあるべき姿を身をもって示したのが佐藤皐蔵少将率いる大日本帝国海軍第二特務艦隊だったのである。

第一次世界大戦時における日本の同盟に対する姿勢は、世界各国の軍隊の儀表だったといえよう。

寺内首相との面会

加藤海軍大臣と島村軍令部長に報告に上がった翌日、佐藤皐蔵少将は、最後に内閣総理大臣・寺内正毅陸軍大将を訪ね、両将に対して行った同様の決意を表明した。

この時、寺内首相は軍服に勲章をつけ、剣を帯びて直立不動の姿勢で、恭しく厳然たる態度で佐藤少将を迎えた。

寺内首相は、荘重なる口調で今次艦隊派遣の意義を次のように語られた。

《この度閣下に艦隊をお任せしてこれを地中海に派遣するに至った動機は、日英同盟の情誼の為とか、外国から請求されてやむを得ず出すとか、そのようなものではない。

全く自動的のものであって主として次のような理由に基づくものである。

第一には、ドイツが行うような乱暴な戦法（無制限潜水艦戦）は、天人共に許さざる罪悪であるから、人類の正義公道を擁護するため、これを膺懲《ようちょう》（＝征伐する）するは、帝国が世界大国の一つとして当然行わなければならない義務である。

第二には、今日迄すら、味方連合国は敵潜水艦のため非常なる損害を受けているのに、この上、無制限潜水艦戦が発達するに至らば如何なる結果に陥るかわからない。これを見殺すのでは日本武士道が立たない。

第三には、我が国としては東洋方面に於いて収め得た戦果を確保するためにも、味方連合国に勝たしめなければならない。

これらの理由のため、はるばる艦隊を地中海まで派遣されることになったのであるが、現在海軍には適当な駆逐艦が少ないため、希望するほど出すことができないから都合がつくようになればもっと出したいと思っている。どうぞ存分努力して国威を発揚されたい》（講演録）

佐藤少将は、これまで胸の内に収めてきた疑問のほとんどを寺内首相に答えてもらったことでたいへん満足するとともに、寺内首相の厳格にして丁重なる態度に対して感激を覚えたと回想している。

こうして海軍大臣、海軍軍令部長、内閣総理大臣の高位者に決意を述べ、熱心な共鳴を得たことが、佐藤少将の大きな精神的支えとなって地中海で存分に戦い、そして各国から大絶賛されるほどの成果を上げることができたのである。

とりわけ寺内首相が明言したように、第二特務艦隊の地中海派遣は、日本政府が、武士道にもとづく正義感から自発的に行動したものであり、日英同盟の情誼のために仕方なく引きずられたものではなかったのだ。結果的にこのことによって、第二特務艦隊が、連合軍の勝利に大きく貢献し、日本の国際的地位を高めることになったわけである。

マルタ委員会での決意表明

そして忘れてはならないのが「マルタ委員会」における佐藤提督の提案だ。

再度説明しておくと、このマルタ委員会とは、第二特務艦隊が地中海にやってきてすぐに開かれたコルフ会議で決まった「船舶護衛などの作戦を協議する連合軍首脳会談」のことである。

このマルタ委員会で協議されたことの一つは、護衛する船舶の国籍によって差別しないということだった。つまり自国の船だけを護衛し、他国の船は護衛しないというようなことがないよう、連合軍の艦隊は等しくいかなる国の船舶をも護衛するよう取り決められたのである。このことは満場一致で決議された。

次に協議されたのが、護衛する船舶の重要性に照らした護衛の優先順位についてであった。
佐藤提督の講演録によるとその順番は次のようになる。
①「トループシップ」（※原文ママ）
②主として兵器弾薬を搭載する船
③客船
④兵器弾薬以外の軍需品を搭載する船
⑤荷物船
⑥空船
この最も重要な護衛船舶に位置づけられる「トループシップ」とはTroop Shipつまり、主として兵員などを運ぶ「軍隊輸送船」のことであり、その護衛の成否が戦局に大きな影響を与えることから最も重要視されていたのだ。

したがって敵潜水艦は、軍隊輸送船を最重要攻撃目標として血眼になって探し求めていたわけである。そのため軍隊輸送船は魚雷攻撃を受ける危険性が最も高く、つまり自らも被害を受ける可能性が高い護衛船舶ということになる。だから誰もがその任務を引き受けたがらなかったわけである。

ところが佐藤少将は違った。
会議が始まるや否や佐藤少将はこう口火を切った。
《各国は、それぞれ各種類の艦船を持っておられるが、我が艦隊はほとんど全部駆逐艦から成り立ち、速力も略々均等であるから高速力の船舶を護送するに適当しているゆえ、我が艦隊は主として「トループシップ」の護送に当たりたい》（講演録）
この佐藤少将の提議は、まさしく自ら進んで難局に当たろうとするものであり、さすがに議論好きのフランス軍将官も何ら意見せず、互いに顔を見合わせたままで会議は打ち切られたのだった。
そして後日会議が再開されたとき、イギリスの先任委員はこう言った。
《日本委員（佐藤少将）の言われる通り日本艦隊は主に駆逐艦より成り立ち、しかも地中海にある駆逐艦の中では相当優秀なものであって、高速力汽船の護送に適当している。また日本の人々は皆立派な技量を有し、責任観念強く、任務の遂行に熱心であるから、この重要なる任務を担当するに適していると認めるものであるから、イギリスは大体に於いて日本委員の提議に賛成したい》（講演録）
ただしイギリス委員は、この任務を日本が引き受けたからといって他国は軍隊輸送船の護衛をしないとか、また日本艦隊は軍用輸送船以外の船舶の護衛はしないというようなことがないようお互い助け合っていきたいと付け加えた。

こうして日本がもっとも危険な軍隊輸送船の護衛を引き受けることが決まったのである。

ではなぜ佐藤少将が、なぜこのような提議を行なったのか。

それについて佐藤少将はこう述べている。

《それには二つの理由があるのであります。

第一には、前にも申しました通り、吾々《われわれ》は日本民族のいまだかつて試したことのない、ヨーロッパ方面の檜舞台に出場する以上、つまらない任務には服したくない、いかなる苦労をなし、いかなる犠牲を払っても、ほんとうに働き甲斐のある仕事をしなければならぬ。それには重要程度において第一に置かれたる、「トループシップ」の護送に当たることは、最も適当していると考えたことである。

第二には、今日の軍隊は専門の軍人ばかりから成り立っているものでない。本当の挙国一致であるから軍人の中には政治家もあり、学者もあり、新聞記者もあり、著述家もあり、実業家もあるという風に、社会の各種各階級の人々を網羅しているのであるから、日本の軍艦旗の下に、これらの人々を危険なる海面を通じて安全に護送してやったならば、感謝の念は永久に残って、その影響は永く帝国を裨益《ひえき》（＝助けとなり役立つ）するであろうと考えたからでありました。

然るにこれに対し、各国委員は異存なしに、安心してこの重き任務を我が艦隊に委任したことは、我が艦隊が地中海到着以来行った仕事が各国の間に認められた結果にほかならないと信ずるのであります》（講演録）

佐藤少将は、他国が好まない最も危険な任務を自ら進んで引き受け、そしてその任務を見事に成功させたことで、世界各国から至上の感謝と絶大な信頼を勝ち取ったのである。

地中海派遣とペルシャ湾派遣

第一次世界大戦における特務艦隊地中海派遣が教えてくれたものはなんだったのか。

それは、同盟の情誼によって国家の意志が決まるのではなく、国家の強い意志にもとづく自発的な行動が同盟を堅固にして情誼を生むということであろう。

このことは、現代の日米同盟に当てはめて考えておく必要がある。

実は、日本の歴史の中でこの第二特務艦隊の地中海派遣とそっくりな海外派遣がもう一つあった。

湾岸戦争後の1991年（平成3）、イラク軍がばらまいた機雷を除去するため海上自衛隊の掃海部隊がペルシャ湾に派遣された任務である。

このとき掃海部隊を率いてペルシャ湾に赴いた元海上自衛隊ペルシャ湾掃海派遣部隊指揮官・落合畯《たおさ》海将補（当時は1等海佐）は語る。

「私が、旗艦の掃海母艦『はやせ』で率いたのは、500トンに満たない小さな掃海艇4隻でした。そしてかつての佐藤少将が巡洋艦『明石』で率いたのは、700トンほどの小さな駆逐艦8隻でした。シンガポールからインド洋を横断しセイロン島に寄港する航路は同じでした。そこから佐藤少将は紅海を通って地中海へ向かわれ、私は、ペルシャ湾へ向かったわけです。どちらもが、国家の威信をかけて他国と協同作戦を行なったことに思いが重なるんです」

第二特務艦隊の地中海派遣は、日本史上初の国際協力任務であり、湾岸戦争後の海上自衛隊掃海部隊のペルシャ湾派遣は、大東亜戦争後初の国際協力任務だったのだ。

日本海軍第二特務艦隊には同盟国イギリスが最大の支援をしてくれたが、海上自衛隊掃海部隊には同盟国アメリカが最大限の支援を行ってくれた。

第二特務艦隊は同盟国イギリスから対潜兵器の供与および敵潜水艦情報をもらい、海自掃海部隊は同盟国アメリカから浮遊機雷の分布図などのデータを提供してもらった。

第二特務艦隊は、最も危険な軍隊輸送船の護衛を行ない、海自掃海部隊は、最も危険な海域で機雷掃海を行って、どちらもが各国海軍から大絶賛されたのだった。

なにより、大日本帝国海軍第二特務艦隊も、海上自衛隊ペルシャ湾掃海派遣部隊も、世界各国海軍と共に汗を流したことで、国家の威信を高め賞讃と感謝を集めた功績は大きかった。

そこには常に旭日旗が威風堂々と翻っていたのである。

そして佐藤皐蔵提督は、昭和9年7月2日の講演の中でアメリカに対するたいへん興味深い指摘をしているので紹介しておきたい。

《とにかく米国人は自惚れが強く、ややもすれば高飛車に出で、甚だしく我説を固執することは「ベルサイユ」会議・ワシントン会議・ロンドン会議その他幾多の機会において証明せられているところであります》（講演録）

日本の国益と我が国を取り巻く安全保障環境を考えるとき、日米同盟は断固堅持してゆかねばならない。現状に鑑みればこのことに異論をはさむ余地はない。

だがその一方で、佐藤提督が第一次世界大戦の最前線で実感したアメリカの姿勢は、多少なりとも現代にも思い当たるふしもあろうことから、こうしたことも承知の上で同盟強化に取り組んでゆく必要があろう。

そして最後に、佐藤皐蔵提督が講演録の最後に語った「戦争に対する日本人と欧米人との観念の相違」を紹介しておきたい。

《吾人は日清日露の戦争においても、今回の大戦においても敵の国家を相手にして戦ったのでありますけれども、敵国の個人に対する憎悪心などというものはほとんどなかったのであります。故に戦争が止めばその心気は直ちに光風霽月《こうふうせいげつ》（＝さわやかな風と晴れわたった月、わだかまりがないこと）のごときものに復するのでありまして戦争中といえども、敗けたる敵に対しては温情をもって臨む、武士的のたしなみをもっているのであります。

かの日清戦争において威海衛《いかいえい》の役に伊東連合艦隊司令長官が降伏したる敵将丁汝昌《ていじょしょう》以下の敵艦隊の将卒を遇したる処置のごとき、また日露戦争において、旅順の役に乃木大将が敵の降将ステッセル以下の露国の将卒を優遇したるごとき、武士道的の行為は、その他にも挙げて数うべからざる程あるのであります。

しかるに彼らは全くそれと異なっております。戦争中は事実を捏造してまでも敵を罵詈《ばり》讒謗《ざんぼう》（＝ありもしないことを並べてののしること）して敵愾心を煽っておりますから彼ら相互間の憎悪心は底止するところをしらず、戦争が終わるとその憎悪心は爆発して勝者が敗者に対するの処置は実に残忍酷薄（＝思いやりもなくむごいこと）、血を啜《すす》り肉を啖《くら》わざれば止まざるの概（＝おもむき）があるのであります。これは戦争後の各種條約についてご覧になれば明瞭です。

私は敗れたる敵に対する処置に関し、個人的に欧米人に対して、それはあまり残酷ではないか、もっと寛大にしても宜そうなものだと語った事もありますが、私の言葉に耳を傾ける者はほとんどないという有様であったのであります。

ここにおいて吾人は、深甚なる考慮を要する事があります。

すなわち今度の世界大戦においては、敵といい味方というても、同じ白人種であり同じ「キリスト」教徒の間柄であります。それでさえなお勝った者は敗者に対して憐みを加える考えなどは毛頭なく、あくまでも倒してしまわなければ已《や》まないのでありますから、いわんやもし吾人のごとき人種を異にし、宗教を異にするものが彼らと戦争をして、不幸にして敗けるような事があるならば、いかなる残酷な目にあわされるかわかりません。これを考えると、吾人は彼らと戦いするような事があったならば、一人になっても彼らに屈伏する事ができないという覚悟が必要であり、敗けない準備を平素から整えておかねばなら

ぬのであります》
　武士道をもって戦った日本軍人の姿勢と、降伏を潔しとせず日本軍人が最後の一兵まで戦い抜いた理由がここにあった。
　そしてこの佐藤皐蔵提督の言葉は、まさしく大東亜戦争後の東京極東軍事裁判をはじめとする戦犯裁判の残虐なる復讐劇の裏打ちであるといってよかろう。

あとがき　佐藤皐蔵中将からの手紙

佐藤皐蔵中将のご令孫・横田素子さんの手元には、佐藤提督から子供達へ送られた手紙がある。そこには孫たちへのメッセージが込められていた。

それは第一次世界大戦ではなく、大東亜戦争直後に書かれたものだった。

手紙を包んだ紙にはこうある。

「大戦直後ニ於ケル卆直ナル感想」（子供達ニ贈ル）皐蔵　（著者注／読みやすいようにカタカナを新仮名表記にし、句読点、改行、ルビなどを入れるなどして紹介する）。

《戦争後の感想を紀したものであります。

此手紙は保存して置て下さい。特に博は時々出して見て下さい。大きくなればおじいさまの考えて居たことが判ります。折角《せっかく》奮発して下さい。

此度の戦争挙国一致勇戦奮闘せしに拘らず時利あらず。遂に思もよらざる結果と相成り実に感慨無量であります。残念千万であります。

しかし今は致し方ありません。徒って悲憤慷慨《ひふんこうがい》に耽る時ではありません。沈思黙考自らを省みるべき時であります。思い切って旧弊を改め新しい道程に向って邁進すべき時であります。しかも隠忍自重《いんにんじちょう》しっかり腹をきめるべき時であります。何よりも大切なことは、自分等は非常に大切なる任務を授けられたる尊き日本人であるから、如何なることがあっても決して屈せざる勇気を涵養《かんよう》することであります。

宇宙は悠久であり神州は万世不易であります。如何に健康なる身体でも時には病気もあります。蚕は其の生涯の内、数回病に悩まされ、其都度更生発達します。其と同じ様に神州も今酷い目に悩まされて居りますが、それがやがて大きく発達する道程に於ける一難関であると思えば何も落膽《らくたん》するに及びません。況《いわ》んや萎縮したり卑屈になったりしてはいけません。飽《あ》くまで自尊心を維持し前途に光明を認めて一目散に突貫すべきであります。

我帝国の領土は小さくなります。残念千万なことです。しかし小さいと云っても彼の大英国の本国よりはまだ大きいのです。英国人はあんな小さい本国を基点としてあんな大帝国となりました。我神州の国民は英国人が成し得た位のことが出来ない訳はありません。しかも帝国の人口は英本国の人口の倍程もあるのです。其上に我々は英国の人民などと違い純粋単一なる日本民族であります。心強いことではありませんか。

今度の戦争の結果領土は狭められて日清戦争当時の大きさになりました。

考えて見ましょう。日清戦争後の我々の先祖は五十年の間に領土を擴大《かくだい》して今度の戦争前の大きさに致しました。今後の我々は、我々祖先がなし得た位のことをなし得ざる訳がありません。況んや何事によらず、物事の速度《テンポ》は早くなって居ります。祖先が五十年間に成し得た位のことをもっと〳〵短かい時間に成し遂げ得ない訳がありません。

しかもそれは何も戦争に勝って敵から領土を奪取することばかりではありますまい。もっと平和な手段で向上発展し万邦と幸福を享有《きょうゆう》することは所謂八紘一宇《いわゆるはっこういちう》の精神であり皇国古来の尊き使命として、日本民族に課せられたる大事業であります。事頗《すこぶ》る宏大なりと雖《いえど》も我民族は此位の雄大なる抱負を持たなければなりません。

今度の失敗に落膽し自尊心を失う様なことがあっては断然いけません。

御一同様　　皐蔵》

佐藤皐蔵中将は、大東亜戦争で敗れ、落胆した子供らへ、戦争に負けても日本人としての矜持を失わず自信をもって前に突き進んでゆきなさいと叱咤激励したわけである。まさにこの手紙は同時に、敗戦で打ちひしがれた一億国民に向けられたものであり、今の日本人が再認識すべき訓えではないだろうか。

実は佐藤皐蔵中将は、第一次世界大戦で日本が戦勝国になった後も、驚くべき洞察力をもって若き海軍士官に戒めを説いている。

とりわけ次の講演のくだりは現代の日本人の胸にぐさりと突き刺さる内容であろう。

《英国人が、沈着冷静にして不撓不屈の精神に富む事は何人も承知しているところでありますが、私は死生の巷において彼らと相伍して仕事をしていてさらにその感を強うしたのであります。

今度の様な大戦において百戦百勝などはもとより期すべきものではありません。普通の人情として勝ったときは大いに歓喜し、負けたときは悲観するのは常でありますが、この点において英国人は私どもが一緒になって戦っておった他の国々の人々とはたいへんな異いでありまして、勝ったとて左程喜んだ風をみせず負けたとて悲観する様子を表さず、実に泰然自若たる態度を持っておりました。

特に失敗した時にあたり失望落胆せずよく士気を維持し、欠点を補い将来成功の基礎を築く意思の力の強さは実に見上げたものでありました。これは独り軍人のみならず一般人民といえども、不成功の軍人に向かい苟《いやしく》も悪罵《あくば》を放つことなく、常に同情をもってその人を待つごとき襟度《きんど》は実に羨望の至りに堪えません。

翻って日露戦役中、旅順攻撃の難局にあたり、甚大の犠牲を払うてなお運命に恵まれざりし乃木軍に対し、また朝鮮海峡を守り不遇の下に最善の努力を尽くしたる上村艦隊に対する我が国民の軽佻《けいちょう》浮薄《ふはく》なる態度を顧みれば実に慚愧に堪えざるものがあります。大任を果たすべき国民は剛毅沈着であらねばならぬ。不撓不屈の精神を持たねばならぬ。最善の努力を尽くしなお運命に恵まれざる人に対し温かき同情を寄する襟度を示さねばならぬ。この点は遺憾ながら我が国民に欠けたるところがあると思う。甚深《じんしん》の猛省を促したいものであります》（講演録）

これは先述のように1934年（昭和9）7月2日の海軍兵学校における佐藤提督の講演であるが、驚くべきことにこの内容はそっくりそのまま現代に当てはまる。

佐藤提督は時空を超え、大東亜戦争後に手のひらを返した日本人を見透かしていたのだろうか。戦争に負けるや、官民挙って軍および軍人を罵倒し、また作戦の失敗を得意げに論《あげつら》って批判してきた大東亜戦争後の日本の風潮を窘《たしな》める予言だったともいえよう。いまこそ佐藤皐蔵中将がかつて日英同盟から学んだ訓えと戒めを我々日本人は心に刻むべきではないだろうか。

本書を、地中海をはじめ第一次世界大戦で散華された４８５０柱の英霊と、私にこの物語の語り部となることを託して逝った我が師Ｃ・Ｗ・ニコルさんに捧ぐ。

【参考文献・資料】

佐藤皐蔵提督「歐州大戰中地中海ニ於ケル帝國海軍ノ作戰」（海軍兵学校訓育第二二號）
『日本海軍地中海遠征記』片岡覚太郎著　C・W・ニコル編・解説／河出書房新社
『遭敵海域』C・W・ニコル著　文芸春秋
『特務艦隊』C・W・ニコル著　文芸春秋
『日本海軍地中海遠征記』紀脩一郎著　原書房
『日英同盟』平間洋一著　角川ソフィア文庫
『百年の遺産』岡崎久彦著　扶桑社文庫
『歴史群像』№３６（学習研究社）―帝国海軍地中海遠征記―
『子供たちに伝えたい日本の戦争』皿木喜久著　産経新聞出版
『新「戦略的思考」』岡崎久彦著　徳間文庫
『Uボート戦全史』学習研究社
『秋山真之と日本海海戦』双葉社
『日本海軍　地中海遠征秘録』桜田久編集　産経新聞ニュースサービス
『ロシアから見た日露戦争』岡田和裕著　光人社ＮＦ文庫

参考文献

『守城の人　明治人　柴五郎大将の生涯』村上兵衛著　光人社NF文庫
『連合艦隊（上巻）勃興編』世界文化社
『賢者は歴史に学ぶ』渡部昇一／岡崎久彦著　クレスト社
『かくて昭和史は甦る』渡部昇一著　クレスト社
『戦ふ水雷戦隊』日暮豊年著　大東亜社
　佐藤皐蔵提督遺稿・遺品

追悼　ニコルさんのこと

ニコルさんの遺志

２０２０年（令和２）４月３日、Ｃ・Ｗ・ニコルさんが逝去されたニュースが飛び込んできた。

そのとき私は頭が真っ白になってしばらく何も考えられなくなった。息が荒くなってとめどなく涙がほほを伝い、自宅リビングの壁に掛けてあるニコルさんからもらった桜の押し花の額縁が大きく揺れた。

森田いづみマネージャーが悲しみを堪えながらこう話してくれた。

「容体が急変したんです。退院して最期は長野に帰ってそこで亡くなりました。心残りなのは、ニコルが、『僕は、どんなことがあっても井上さんのイベントに出る。這ってでも出るよ！』とずっと言ったことです……それだけが……」

あらためてそのことを聞いて、私は嗚咽を堪えるのに必死だった。

令和2年9月22日に開かれた「第22回　大東亜戦争を語り継ぐ会」へのニコルさんの登壇をお願いしていたがそれも叶わぬ夢となってしまったのである。

私に第一次世界大戦における日本海軍の活躍と意義を教え、第二特務艦隊が拠点とした地中海のマルタへ行く事を強く勧めてくれたニコルさんを招いて、長く封印されてきた第一次世界大戦の歴史を開封しようという企画だったのだ。

ニコルさんの訃報を告げる森田マネージャーが、精一杯明るい声でこう続けてくれた。

「ニコルは本当に幸せだったと思います。最後に、日本海軍、そして英国海軍のことをちゃんと理解してくれる井上さんと出会えて本当に良かったです。ニコルは凄く喜んでいましたから……」

私も悲しみを堪えて応えた。

「ニコルさんの志を継いで、私が語り継いでいきます！　きっとニコルさんも見守ってくれますよね」

もはやこの素晴らしい物語の語り部だったC・W・ニコルさんはこの世にはいない。

だがニコルさんの遺志を受け継いで私が頑張ろう！

私は、なんとしてもニコルさんの熱い思いを受け継いで、第一次世界大戦における日本海軍の栄光の歴史を語り継いでいこうと決意した。

地元紙に報じられたマルタ取材

２０１７年（平成29）７月、ちょうど第二特務艦隊の派遣から１００年目にあたる記念の年、月刊『正論』（産経新聞社）の対談連載「日本が好き！」のゲストにＣ・Ｗ・ニコル氏をお招きした。この対談についてはその全文を後に紹介するが、このときニコルさんは時間が経つのを忘れて地中海における日本海軍活躍のエピソードなどを熱く語ってくれた。

そしてこの対談の後、ニコルさんと私は、レストランでウイスキーを飲りながら対談の延長戦とあいなった。このときもニコルさんから多くのことを教わり、次々と飛び出す感動秘話に私は目を丸くして彼の話に聞き入ったのだった。

翌年、産経新聞大阪本社での講演会にゲストとして再びニコルさんをお招きした。国歌「君が代」と英国国歌「God Save The Queen」で始まったトークショーでは、ニコルさんが第二特務艦隊の活躍の歴史と巡り合った経緯から、二度にわたってマルタを訪れたときのこと、そしてこの知られざる史実と日英同盟の意義などをたっぷりと語ってくれたのだった。

ニコルさんの曾祖父、祖父、父は皆海軍に在籍した。ニコルさんの祖父は第一次世界大戦で日本海軍と共に戦い、逆にニコルさんの父は第二次世界大戦で日本海軍とインド洋海戦で戦ったという。ニコルさんにとって父親は憧れの的であり、幼少の頃から海軍軍人になることが夢だったという。

そんなニコルさんには、海軍軍人だった父親をはじめ、祖父や曾祖父、叔父たちが、なんらかのかたちで関わりがあった「マルタ」に特別な思いがあったようだ。

そしてニコルさんが1995年（平成7）に日本国籍を取得した2年後の1997年（平成9）の夏、小説の仕上げに地中海への旅に出た。このときニコルさんは57歳だった。

第二特務艦隊の足跡をたどって初めてマルタの土を踏んだニコルさんは、カルカーラの英連邦軍墓地を訪ね、持参した日本酒と梅干と海苔のパックを第二特務艦隊の墓の慰霊碑に捧げてたった一人で慰霊祭を行ったという。

このことが大きなニュースとなって地元紙に報じられたのだった。

ニコルさんは、かつて第二特務艦隊の将兵が歩いたマルタの街を当時に思いを馳せながら散策した。日本海軍将兵たちが足を延ばしたにちがいない石畳の小径を歩き、彼らが立ち寄ったであろうバーやレストランを探し回ったのである。

そしてニコルさんは、かつて日本海軍将兵が通った老舗レストラン「キングズ・オウン・バンド・クラブ」(The King's Own Band Club) を執念で見つけ、当時彼らが舌鼓を打ったであろう同じ伝統料理を味わったという。このレストランは英国海軍御用達の店で、どうやら当時日本海軍の軍人は無料で食事ができたというから、いかに地元で日本海軍が歓迎されていたかがよくわかる。

ニコルさんは、日本海軍将兵の姿を心の目で探しながら街を歩き続け、また古い記録を求めて役所にも足を運んだ。そんなことから、〝かわった日本人〟が日本海軍のことを調べ回っているということがうわさになって地元紙で特大の記事になったのである。

紙面は、第二特務艦隊の墓石とニコルさんの大きな写真と共に彼のインタヴューで埋め尽くされていた。

日本軍の誇りを拾い集めてくれた

ニコルさんがよく私に話して聞かせてくれたマルタ取材での面白いエピソードがあるの

地元紙に掲載されたC・W・ニコル氏のインタビュー

で紹介しておきたい。

ニコルさんのマルタ滞在が地元の人々に知られるようになり、あるとき医師のダニエル・ミカレフ氏の自宅に招かれた。ミカレフ医師は、マルタが１９６４年にイギリスから独立したときマルタ共和国の初代副大統領だった人である。

このときニコルさんがミカレフ氏に、マルタへやってきたいきさつを話すと、ミカレフ氏は「ここには、そんなに多くの日本の船がいたのか？」と聞いたという。それに対してニコルさんが、マルタに居た日本海軍艦艇の隻数と日本軍人の数、そして派遣期間などを答えたところ、ミカレフ氏がニコッと笑って膝を叩いてこう言った。

「なるほど、これで分かった！」

その意味がまったくつかめずにニコルさんがポカンとしていると、ミカレフ氏はこう続けた。

「だってね、マルタの歴史を通じて、この島に住んでいた東洋人などはほとんどいなかったんだよ。いたとしたって、ごくごくわずかなものだった。それなのになぜ、マルタの赤ちゃんにこうも多くの蒙古斑があるのかと、長いことふしぎに思っていたんだ。あなたのおかげで謎が解けましたよ」

ニコルさんとミカレフ氏は、ふたりして声をあげて笑い出した。

ニコルさんは生前、よく私に「日本海軍の軍人はヒーローだったからマルタの女性にすっごくもてたんですよ！」と言って満面の笑みを浮かべたが、理由はこれだったのだ。

そして数週間に及ぶ旅でニコルさんは、第二特務艦隊が寄港した街を巡り、また洋上から港を眺め、そして街を散策して当時の日本海軍将兵が見た同じ景色を目に焼き付けた。ヨーロッパの港街は古いたたずまいを残しているためニコルさんは思う存分追体験をすることができたのである。

そんな取材旅行中のフランスの革命記念日にあたる7月14日、ニコルさんは、かつて第二特務艦隊が頻繁に寄港したマルセイユに滞在していた。ちょうどその日はニコルさんのマネージャー森田いづみさんの誕生日でもあった。そのときニコルさんは、記念日のお祝いで打ちあがる花火の音を誕生日プレゼントにしようと、国際電話をかけて森田さんに聞かせたのである。

もちろん森田さんはいたく感動したが、それよりも、その後にニコルさんから聞かされた話に胸が震えた。

第一次世界大戦後の戦勝パレードの時だろうか。日英仏伊の海軍将兵によるパレードの最中に大雨が降りだした。するとフランスとイタリアの将兵はまたたく間に隊列を崩して散り散りになったという。ところが日本海軍とイギリス海軍の将兵は、大雨にもまったく動じることなく、表情も変えずに雨中堂々と行進を続けたのだった。

「さすがだね！　やっぱり日本海軍と英国海軍は違うね！」

そんなニコルさんの軽やかな声が聞こえてきそうなエピソードである。

ニコルさんは、こんなささやかな日本海軍の誇りと名誉を地中海の港町を駆け巡って拾い集めてくれたのだった。

子や孫がマルタへ

その5年後の2002年（平成14）、ニコルさんは再びマルタを訪れた。日英同盟100周年にあたる年だった。

実はこの二回目のマルタ訪問には、駆逐艦「桃」艦長・池田武義少佐のご子息、池田武邦氏ご夫妻と、駆逐艦「榊」の士官・荒木拙三大尉のご令孫・荒木純夫氏らが同行した。

ちなみに池田少佐のご子息である池田武邦氏は、大東亜戦争における元海軍大尉で、戦争末期に戦艦「大和」と共に沖縄への水上特攻に赴いた軽巡「矢矧」の測的長だった。米軍機の攻撃によって「矢矧」は「大和」と共に沈んだが、池田氏は奇跡的に助かった。そして戦後、霞が関ビルやハウステンボスを設計した日本を代表する建築家の一人である。

実は、私の親族が池田武邦氏と海軍兵学校（72期）の同期生であり、私がMCを務めたテレビ番組に出演してもらったほか、ネット番組や雑誌の取材でご自宅にお邪魔して海軍時代の話を聞かせてもいただいた。本書で紹介した「桃」艦長・池田武義少佐の貴重なアルバムは、このとき見せてもらったものである。

その池田氏がニコルさんと共にマルタへ赴いたのは、父・武義氏の足跡を辿るためだった。このときの思い出を、ニコルさんのマネージャー森田いづみさんはこう話してくれた。

「池田先生は、かつてお父様がいらした港やらバレッタの街なんかを感慨深く見ておられましたよ。そんな中でも、池田先生がお父様から言われた『俺は勝ち戦だったけれど、お前は負け戦だったな』という話がとても印象的でした」

そしてもう一人、このデレゲーション（代表団）に参加した荒木純夫氏は、元駆逐艦「榊」の乗員で魚雷攻撃を受けながらも奇跡的に助かった荒木拙三機関大尉（最終階級・少将）の令孫だった。

荒木純夫氏によると、祖父の荒木機関大尉は、魚雷が命中する5分前まで艦橋で上原太一艦長の側にいたという。そして上原艦長が「そろそろ飯にしようか」と荒木大尉に声をかけたので、荒木大尉は艦の後部に位置する機関室に戻って食事を始め、お櫃を抱えているときに、艦橋直下に魚雷が命中して、奇跡的に助かったというのだ。

つまり荒木機関大尉は、上原艦長の一言によって命を救われたということになる。

ところが荒木機関大尉はこの攻撃で戦死したものと思われ、あろうことか戦死公報に名前が載せられてしまったのだった。新婚3日目に戦地に赴いた荒木機関大尉の18歳の新妻は、夫の戦死の報を受け、位牌を作って毎日手を合わせる日々を送っていたという。するとそこへ荒木機関大尉が元気な姿で帰還したというからまさに映画のような話である。

そんなエピソードを話してくれた荒木純夫氏はしみじみいう。

「あのとき祖父が艦橋にいたら、いま私はこの世にいませんからね」

荒木純夫氏は、森田いづみさんから、ニコルさんとマルタに行くが一緒に行かないかという誘いがあり、祖父と一緒に戦って亡くなられた戦友の方々の慰霊のためにマルタ行きを決心したという。

荒木さんにとってこのときのマルタ訪問は二度目だった。実は、彼は慰霊碑が再建された翌年の1975年（昭和50）にもマルタを訪れていたのだった。

武士道と騎士道は相通ずる

話は飛ぶが2回目の訪問後、荒木氏は自らが開設したウェブサイト上で、第二特務艦隊について英語で発信し、その顕彰に努めてきた。

あるとき彼のサイトを見たハンガリーの歴史家からメールが届き、サイト上の「榊」の写真を展示会で使わせてほしいとの申し入れがあった。

ハンガリーは、第一次世界大戦で日本と戦っていた旧敵国であり、「榊」に魚雷攻撃を行なったのもオーストリア＝ハンガリー帝国の潜水艦「U27」だった。ハンガリーでも第二特務艦隊のことは知られていたようである。

そしてその2年後のある日、今度はオーストリアからメールが届いた。

なんとそのメールの送り主は、「U27」の魚雷手の曾孫だった。まさか「榊」に魚雷を撃ち込んだその本人の曾孫と繋がるとは。夢にも思わなかった出会いに荒木氏はいたく驚いた。

その後、オーストリアから「U27」の全乗員の写真が送られてきたのだった。

荒木氏は、祖父も目にしたことのない、「榊」を撃破した敵兵の顔を祖父に代わって確認したのである。

さて、ニコルさんらと再び訪れたカルカーラの海軍墓地で荒木氏は、墓石に向かって手を合わせ、初めてのときと同じように、祖父に代わって戦友の鎮魂を祈った。

荒木氏はこの時の思い出を披露してくれた。

「私が日本から持ってきた日本酒を鎮魂の思いを込めてお墓にかけ、ちょうど4合瓶が空になったとき、ニコルさんが突然『アアーッ』と声を上げたんです。びっくりしてニコルさんの方を振り向くと、『全部あげちゃったの？』という表情をして残念そうにしておられたんです。ニコルさんは、一緒に飲みたかったんでしょうね……」

日本海軍将兵に熱い思いを寄せるニコルさんは、この墓地に眠る第二特務艦隊の将兵と一献やりたかったのだろう。

実は、このときのマルタ訪問の目的は、ニコルさんが監修を務めた片岡覚太郎大尉の『日本海軍地中海遠征記』の出版で貰った監修費を、日本海軍墓地に寄付するためだった。

一行は、かつて第二特務艦隊に物資を卸していた会社を訪れ、当時日本海軍から贈呈された刺繍や、墨字の日本語で書かれた発注書などを見せてもらったという。そして、かつてニコルさんが執念で探し当てた日本海軍将兵馴染みの例のレストランにも足を運んで当時に思いを馳せたのだった。

ニコルさんのマネージャー森田いづみさんは、そのときのニコルさんについてこう語った。

「ニコルは本当に胸いっぱいだったと思います。もう小説を書き始めた頃から頭の中が日本海軍と地中海でいっぱいになっていましたからね。あのカルカーラの日本海軍墓地に行ったとき、まるで時が止まっているような静けさがあり、そして墓地がきれいに整備されていることに感動したニコルが、『日本人は地元の人がこんなにきれいにしてくれているることを知らないだろうな』と言っていましたね。一人でも多くの日本人に、かつて日本海軍がこの地中海で活躍したことを知ってもらいたいと思っていましたから……」

この海軍墓地に着物姿で参拝した森田さんはその心情をこう語ってくれた。

「第二特務艦隊の戦没者の慰霊と御礼をするために着物を着てまいりました。そのとき、よくぞこんな遠いところまでやって来て戦ってくれたんだなと痛感し、ただただ『ありがとうございました！』という気持ちでした」

ニコルさん一行のマルタ訪問は、またしても地元『TIMES』紙に写真入りで大きく取り上げられた。

C・W・ニコルさんは常にこう口にしていた。

「武士道と騎士道には相通ずるものがある。日本人はもう一度自分自身と向きあうべきだと思う」

ニコルさんもまた、佐藤皐蔵中将と同じく、日本人に矜持と誇りを取り戻してもらいたかったに違いない。

ニコルさんの生前、そんな思いを日本人に伝えようとドキュメンタリー番組の企画が持ち上がっていた。「東郷に渡すまで」「日英同盟」「第二特務艦隊」だった。だがもはやそれらは果たせぬ夢となってしまったのである。

ニコルさんと二人で第二特務艦隊の足跡を訪ね、日英両国の絆を探し求めて世界中を旅したかった。ニコルさんと一緒に、マルタでウイスキーを飲みながら日本海軍と英国海軍の物語を語り合いたかった。そして二人で日本海軍墓地の墓標に向かって「君が代」と「God Save The Queen」を斉唱したかった。一緒に「海ゆかば」と「Amazing Grace」を奉唱したかった。

でもきっとニコルさんはこの本を読んで、顔をくしゃくしゃにしながら喜んでくれていることだろう。

付録　C・W・ニコル×井上和彦

日本海軍が海の安全を守ってくれた

（初出　月刊『正論』平成29年9月号掲載）

Uボートの魚雷で親族が亡くなった

井上　本日は作家のC・W・ニコルさんをお迎え致しました。ニコルさんといえば、何といっても長野県の黒姫高原近くの「アファンの森」で地道に森づくりを続けられていることで知られていますが、実は英国と日本との交流史、とりわけ両国の海軍への造詣が深いことでも有名です。

第一次世界大戦における日本海軍の地中海での活躍ぶりを私は拙著『日本が戦ってくれて感謝しています2』（産経新聞出版）で紹介しました。ですが、この話は実はニコルさんとの出会いから始まったものでした。

第一次世界大戦下、日英同盟に基づいて日本海軍は英国をはじめ連合国の船団護衛のために地中海に派遣され、マルタを拠点に大活躍し、その時の日本海軍戦没者墓地がいまもマルタにあります。その事実を知り、マルタへ行くきっかけを作ってくださったのがニコルさんの「井上さん、ぜひマルタへ行ってください。あなたがマルタへ行かなかったら誰が行くというのですか?」という慫慂《しょうよう》でした。

このことをいまもたいへん感謝しています。そこで今日は、ニコルさんに日本人にあまり知られていない日英海軍の交流秘話をたっぷりお話しいただきたいと思っていますが、まずは代々海軍の家系であるニコル家についてご紹介いただけますでしょうか。

ニコル　本日はお招きいただきありがとうございます。私の話を大切に胸に刻んでくれていたことに感謝致します。

私の家族の話から、ということですが、実は私の手元に第一次世界大戦が始まって一カ月後に撮影された、私の母方の祖父の家族写真があるんです。みると、全部で五人が英国海軍の軍人なんですね。私の父だけは第二次世界大戦でインド洋に出向いて日本軍と戦っているのですが、ニコル家は英国海軍と実に縁が深く日本への印象が良かった。さきほど井上さんから第一次世界大戦のときの日本海軍のお話がありましたが、ドイツ海軍の潜水艦Uボートの魚雷によって私の祖父の弟が亡くなっています。地中海が「Uボートの池」

C・W・ニコル氏と著者

と恐れられていた時代です。それほど恐れられていた「海の安全」を守ってくれたのは日本海軍でした。

　私が日本を初めて訪れたのは二十二歳の時で、空手を学ぶのが目的でした。二年半で黒帯を取得してカナダ政府の水産調査局の北極水産研究所に戻り、そこでカナダの東海岸で行われる調査捕鯨に携わることになりました。調査対象だった鯨のデータを取った経験がなかった私は西海岸にいた日本の大洋漁業、マルハの船に乗り込んで、そこでいろいろなスキルを教えてもらったんです。

祖父は絶対に日本の悪口を言わない

ニコル　もともと日本語が少しできたし、日本の食べ物もすごく好きでしたからそこでとても私はかわいがられたんですね。ノウハウを得た私はそれで調査捕鯨に従事することができたのです。その後、日本の捕鯨は猛烈なバッシングにあい誤解やプロパガンダに晒されてしまいます。そこで私はカナダ政府の仕事を辞め、捕鯨発祥の地である和歌山県太地町に行くことを決心します。日本の捕鯨が間違っておらず、シーマンシップも抜群に高いことを誰かが世の中に示していく必要があると思ったからでした。

太地での暮らしから生まれた作品が『勇魚』（上下、文春文庫）でした。これは鯨取りの猟師が海での遭難からカナダに渡るという作品ですが、ここで描いたのは海に生きる男たちの見事なシーマンシップでした。シーマンシップといえば実は第二次大戦後の日本ではＧＨＱのマッカーサー最高司令官が「日本人にタンパク質が必要」だとして捕鯨を命じたことがありました。ところが当時の日本の船は戦争の痛手でほとんどが使い物にならなかった。それで辛うじて残った潜水艦のエンジンをキャッチャーボートに積んで南極に捕鯨に出かけたそうで、戦後の捕鯨を支えたのは海軍の生き残りたちだったんです。彼らのシーマンシップによって戦後の日本人の食生活が支えられたんですね。

日本での生活が長くなるにつれて私は次第に日本国籍を取りたいと考えるようになりました。私にとっての気がかりは父が日本海軍と戦ったことでした。ただ先ほど家族の話をしたように父の代は、日英関係は必ずしも良好ではなかったけれども、祖父の代には日本海軍と英国海軍、日英関係が本来はすごく仲が良かったことを皮膚感覚で知っていたことは幸いでした。祖父は絶対に日本の悪口を言わない人でした。

そこで私は『勇魚』の続編として日露戦争時代の日本海軍を描いた『盟約』（上下、文春文庫）を書きました。鯨取りの血をひく青年、三郎が生まれ育ったカナダを出て祖国日本をめざし海軍に身を投じる話で、日英の絆の強さもここで描きました。『遭敵海域』（文春文庫）では第一次大戦でのUボート駆逐作戦を取り上げ、マルタに眠る誇り高き日本海軍の軍人の姿を描いたのが『特務艦隊』（文春文庫）でした。捕鯨から日本海軍へとテーマを移したかのように見える読者もいたかもしれませんが、私にとっては私の人生のさまざまな場面で日本と日本海軍が何らかの関わりがあった。捕鯨も海軍も同じ海の男で、どちらも私にとってかけがえのない存在でしたから、それをひとつのシリーズとして描いたのです。

私は小説を書くことを通じて、人の人生、互いの理解を深めるような小説を書きたいと常々心がけてきました。憎しみを植え付け、駆り立てるような小説には興味がないのです。私自身が日本が好きで日本人のクジラ捕りと仲良くなって、そして今、日本国籍を取得しているのです。そんな私にとってどの小説も全部私とつながった大切な作品です。

日本が果たした役割は大きい

井上　ありがとうございます。では、第一次世界大戦において地中海に派遣された日本海軍の第二特務艦隊の話をうかがいたいと思います。そうそう、十年ほど前にニコルさんからいただいた桜の押し花の額縁は今でも自宅のリビングに飾っています。私は、それを見るたびにニコルさんの話を思い出していますよ。

ニコル　ありがとうございます。第一次世界大戦は一九一四年に始まるのですが、Uボートがイギリスにとって大変な脅威だったことはすでに述べました。戦列艦「HMSアブーキア」が魚雷の被害を受けたときも巡洋艦「HMSクレッシー」や防護巡洋艦「HMS

ホーク」などが救助に駆けつけるのですが、その救助中にまたUボートにやられてしまうんです。そこで英国海軍は被害の拡大を避けるためにUボートに船が沈められても「助けには行くな」と命令を出したほどの衝撃だったのです。

井上　当時、地中海では英国だけで九十六隻の船舶を沈められているんですよね。でもそれにご親族が乗っておられたとは……。

ニコル　はい。水は冷たく海に放り出されると助からないんですよ。それにあの当時はライフジャケットやライフボートなどは全然足りてなかったですしね。そうした危険な海を日本の特務艦隊が護衛し、七十五万人の兵隊を無事に守るわけです。貨物船だと七百六十七隻。このうち六百二十三隻が英国の船でした。小さな艦隊でしたが日本が果たした役割は大きく私は戦争の結果を変えたとさえ思っています。

特筆すべきは日本海軍の駆逐艦「松」と「榊」でした。護衛した大型客船「トランシルヴァニア」が魚雷にやられてしまうのですが、沈み始めた「トランシルヴァニア」から「松」はロープなどを使って八百人を救助するのです。そこに魚雷が再び命中します。ライフボートには四十人が乗っていましたが爆発で人間の体がばらばらに吹き飛ばされてしまいます。そんな状況下でも「松」と「榊」の乗員による命がけの救助活動によって結局、二千九百六十四人もの兵隊の命を助け、六十六人の看護婦ら女性や三十六人のクルーを助けたのです。ここで私が強調したいのは日本海軍の行動は英国海軍の命令を無視して行われたことだったんです。

井上 こうした献身的な救助活動をつづけた日本海軍の第二特務艦隊は最終的に地中海で洋上から七千人もの人々を救助し、七十万人を超える連合国の兵士らを無事に目的地に送り届けたことを考えると、確かにニコルさんが言われるように、日本海軍の船団護衛任務は大陸での戦局を変えるほどの活躍だったといえますね。

ニコル そう、さきの「トランシルヴァニア」号の救助では、「榊」と「松」が三千人近くを助けた報が英国に届くと、国会では「日本の艦隊は地中海で戦っている!」と称賛され、英国の国会議員によって日本語で万歳三唱が起こったほどでした。

井上 感動的な話ですよね。ニコルさんは『特務艦隊』の中で、マルタ島のカルカーラにある英連邦戦没者墓地内の日本海軍戦没者墓地で日本酒と梅干しなどをお供えし、そのとき、《この男たちは、故郷からかくも遠く離れて亡くなった。連合軍の勝利に多大な貢献をした。それなのに、ほとんど忘れ去られていた。第二次大戦のために、彼らの物語は歴史にうずめられてしまったのだ。涙が浮かんできた》と書かれていますよね。当時、「松」

の乗員だった片岡覺太郎中尉（最終肩書は中将）の手記も感動的です。やはりこうした埋もれた史実と感動秘話をもっと現代の日本人は知るべきだと思います。いまの日本人はあまりにもこうした歴史を知らなさすぎますよね。

豪州と日本海軍の感動秘話

ニコル　前に、片岡さんの息子さんにお目に掛かる機会を得ましたが、第一次世界大戦での日本の活動といえば多くの人がドイツ帝国の東アジアの拠点、青島を日本とイギリス連合軍が攻略した話しか知らないんですよね。でも実際はそれだけじゃないんです。マルタはもちろんですが、マルタ以外にも日本海軍は南アフリカやニュージーランド、オーストラリア、カナダの西海岸に至るまで守ってくれていました。歴史に埋もれたままの話が実はまだまだ沢山あるんですよ。

青島攻略戦の前の話ですが、ドイツの巡洋艦「エムデン」があちこちで工作活動をしていましたが、これをオーストラリアと組んで追いかけたのも日本海軍でした。エムデンの捕虜はシンガポールに連れて行かれ、インド兵の監視下に置かれるのですが、逆に捕虜のドイツ人に「お前達は戦争にかり出される」「お前達はいずれ塹壕の中で泥のなかで殺される」などと篭絡されて、インド兵が暴動を起こしてしまいます。それで女性や子供を含めた二十三人の英国人とマレー人が殺されてしまうんです。そのときもシンガポールを守るために派遣され、暴動を抑えたのは日本海軍でした。カナダの西海岸では規模の小さなカナダ海軍にあれほどの長い海岸線は守れないから、と日本の軍艦、巡洋艦、二隻が入って守っていたんですよ。

井上　どれも知られていない話ですね。

ニコル　それから南アフリカも日本海軍が守っていました。ニュージーランドではオーストラリアからの兵隊の船を日本海軍が護衛していたんです。

井上　そういえばかつて安倍晋三総理が、当時のオーストラリアのアボット首相と第一次世界大戦時における日豪両国の協力関係の話で共鳴されていたようですが、まさにこれは日本海軍の特務艦隊がオーストラリア、ニュージーランドの部隊をインド洋まで護衛した時の話でしたね。

ニコル　実は日本海軍の艦船がメルボルンに入港しようとしたら、撃たれたことがあったそうです。大事には至らなかったそうですが、当時のオーストラリアは白豪主義による人種差別が根強かった。日本にそうした仕打ちがあったんですね。日本海軍は怒ってロンドンに訴えますが、それでオーストラリアと日本との関係が政治的に気まずくなったこともあったそうです。

そうしたなかで、白人のある婦人が八歳の男の子を連れ、菊の花を手にもって日本海軍を港に出迎えたことがあったそうです。菊の花はわざわざ自宅の庭から摘んだものだったそうです。日本に申し訳ないと心を痛めたオーストラリア人もいたわけです。日本海軍艦艇の艦長はその話を聞き、たいそう感激して母子を艦のなかに招待したそうです。八歳の男の子に「大砲でもエンジンでも見せてあげる」と聞いたら男の子は「エンジンを見たい」と答え、それでエンジンを見せたそうですが、その男の子は大きくなって英国、カナダへと渡り、カナダで有名なエンジニアになりました。

井上　感動的なエピソードですね。そんな話があるんですか。

ニコル　あります。日本人には我慢ならない理不尽な話だったと思いますよ。だってオーストラリアの兵隊を守るために自分たちの命をかけて護衛しているのに、その恩恵を受けるオーストラリアの人から大砲で撃たれるのですから……。でもそのご婦人の行為はそのような険悪な雰囲気を一変させたそうで、人間の優しさが歴史を変えた出来事といっていい話です。このような歴史のなかに埋もれた話はまだまだ沢山あるんです。

日本ほどすごい国はなかなかない

井上　ニコルさんは平成七（一九九五）年に日本に帰化されたわけですが、日本人になって嬉しかったことは何かありますか。

ニコル　天皇陛下がわれわれの森にいらしてくれたことです。ちょうど森づくりに取り組んで三十年目でした。実は両陛下には二〇一一年の二月に一度、お目にかかっているんです。およそ一時間にわたって両陛下と三人でお話をさせていただく機会に恵まれました。その一カ月後、東日本大震災が発生するのですが、昨年になって、長野で植樹祭が行われ、両陛下がわざわざ延泊してうちの森まで来てくださったのです。

実はうちの森では馬を使って切り出した木を運んだりしています。機材が入ると土が圧迫されて根の生育を妨げるのです。馬ならば自然に優しい林業ができる。それで私たちは馬を使っているのです。

事前の打ち合わせでは普段通りの作業を見せて下さい、という話だったのですが、警察が馬の動きを心配したようですね。暴れ出したり、予期せぬ行動があって、両陛下に何かあったら大変だから、馬を陛下に近づかせないように、と何度も念を押されていたんです。

それで私はスタッフに「危ないから少なくとも陛下とは三十メートルくらいの距離を取って作業をしてください」と何度も強調しました。もちろん、馬にも言い聞かせましたが（笑）。

ところが、いざ当日が訪れ、百メートルぐらい向こう側から馬が丸太を引っ張ってきて三十メートルぐらいに近づいたところで、陛下が美智子さまの手を取って自ら馬の横に進まれたんです。そして「道産子ですね、何歳ですか」と声を掛けられるんです。本当にお好きなんでしょうね。大変だったのは取材のポイントを決め、整然と待機していたマスコミで、両陛下の予期せぬ行動に蜂の巣をつつくような混乱ぶりでした。でも今でも忘れられない思い出となりましたね。

井上　最後にニコルさんにとって、日本のここが好きというお話をお聞かせ下さい。

ニコル　私はナチュラリストですからその観点でいえば、日本ほどすごい国はなかなかないんです。北には流氷があって南にはサンゴ礁がある。こういう島国はほかにありません。森林面積率も国土の六十七％と高いのですが、そこに植生する木の種類がはるかにヨーロッパより多いんです。

英国にもともとあった樹木というのは三十種類くらいですが、縄文時代の日本の樹木は千三百から千五百と言われています。つまり生物の多様性がすごいということです。この島国にこれほどの人間が暮らしているのに熊も二種類生きているでしょう。英国では千年前に絶滅していますよ。海にも同じことがいえます。ものすごく面白く楽しい国なのです。

そもそも私の森づくりは、こうした豊かで素晴らしい生態系をもっている日本の森が高度経済成長期以降、摘み取られていくことを憂慮して始まったものです。

樹齢四百年以上のナラやブナ、トチなどの大木が一瞬にして切り倒され、スギやカラマツの人工林になってしまう。その人工林も、またもや経済的な理由で放置され、今や荒れ果てていく光景を目の当たりにし、美しかった本来の日本の森に戻したいという気持ちが高まっていたころに、故郷ウェールズにあった荒れ果てた森がみごとによみがえったことを知って決意したものです。アファンの森というのはウェールズにある森林公園になぞらえたネーミングで、ウェールズ語で「風の通るところ」という意味です。

日本には素晴らしい自然、豊かな生態系に加えてなおかつ言論の自由があって宗教の自由があって旅の自由があります。それから、もう戦争を七十年もしていない。本当に平和な国ですし、私の感覚でも日本に住んで、嫌な目に遭ったことが全くない。嫌な思いを味わっても面と向かって話せば、だいたい友達になれる。本当にあたたかいのです。

井上和彦（いのうえ・かずひこ）

ジャーナリスト。1963（昭和38）年滋賀県大津市生まれ。法政大学卒業。専門は軍事・安全保障・外交問題・近現代史。バラエティー番組やニュース番組のコメンテーターも務める。“軍事漫談家”の異名を持つ。産経新聞「正論」執筆メンバー。フジサンケイグループ第17回「正論新風賞」受賞。著書に『日本が戦ってくれて感謝しています　アジアが賞賛する日本とあの戦争』『日本が戦ってくれて感謝しています２　あの戦争で日本人が尊敬された理由』（共に産経NF文庫）、『親日を巡る旅　世界で見つけた「日本よ、ありがとう」』（小学館）、『自衛隊さんありがとう　知られざる災害派遣活動の真実』（双葉社）、『撃墜王は生きている！』（小学館文庫）など多数。

日本が感謝された日英同盟

令和３年10月26日　第１刷発行

著　　者　井上和彦
発 行 者　皆川豪志
発 行 所　株式会社産経新聞出版
〒100-8077 東京都千代田区大手町1-7-2 産経新聞社８階
電話　03-3242-9930　FAX　03-3243-0573
発　　売　日本工業新聞社　電話　03-3243-0571（書籍営業）
印刷・製本　株式会社シナノ
電話　03-5911-3355

ISBN978-4-8191-1405-9　C0095
